KB167763

내가 꿈꾸는 회사가 지구에 없다면

copyright ⓒ 2020, 박기연
이 책은 한국경제신문 한경BP가 발행한 것으로
본사의 허락 없이 이 책의 일부 또는 전체를 복사하거나
전재하는 행위를 금합니다.

유튜버 이상커플의 '작은 사장' 도전기

내가 꿈꾸는 회사가 지구에 없다면

박기연 지음

한국경제신문

프롤로그

인생의 달리기는 속도보다 방향이다

"휴… 힘들지. 이 경쟁은 도대체 끝이 없구나. 지금도 난 내 자리를 지키려고 열심히 일하고 있어. 여태껏 좋아서 일을 한 건 아니었어. 오직 돈 때문이지. 돈을 벌어야 하는 이유는 가족을 부양하기 위한 거였고…."

50대 중반의 아저씨가 아들에게도 털어놓지 않던 속마음을 내게 털어놓았다. 논산 훈련소에서 처음 만난, 군인 아들의 여자친구인 내게 이런 말을 했던 이유는 내가 그에게 진심 어린 말을 건넸기 때문이었다.

"회사생활 하시느라… 참 고생이 많으시죠?"

어떤 말로 힘을 드리는 게 좋을지 몰라서 마음을 다해

조심스럽게 질문을 던진 거였다. 그는 그날 회사에서 오는 여러 통의 전화를 받느라 바빴고, 신경쓰이는 일로 마음이 무척 무거워 보였다. 나는 그 모습을 가만히 보고만 있을 수 없었다. 기운을 북돋아드리기 위한 나의 한마디가 그의 마음을 어떻게 바꾸었는지는 모르겠지만, 그날 변한 건 바로 나였다. 그의 대답을 듣고 집에 돌아가는 길에 내 삶을 180도 바꾸기로 마음먹었다. 현재 그는 나의 시아버님이 되셨으니, 시아버님이 내 인생에 지대한 영향을 미친 셈이다.

아버님은 대학교를 졸업한 후 대기업에 입사하고, 승진의 사다리를 오르며 30년간 회사생활을 성공적으로 하고 계셨다. 그러나 그 모든 과정이 쉽지 않았다는 건 짐작할 수 있었다. 아버님이 이룬 성과들은 마치 '다른 모든 것을 포기하는 조건으로만 얻을 수 있는 열매'처럼 보였다. 그날 아버님은 꽤 오랜 시간 말씀하셨는데, 나는 그 이야기를 들으며 무언가 이상하다는 생각을 지울 수 없었다.

그는 가족을 위해 열심히 일을 해왔지만 오히려 그와 가족간의 거리는 점점 멀어졌다. 가족과의 대화, 추억, 저녁식사를 돈으로 바꿔야 하는 수많은 날이 있었다. 건강은 또 어떤가? 일주일에도 몇 번씩 회식에 참석하고, 매일같이 야근을 하며 건강을 잃는 대가를 치러야 했다.

즐겁고 홀가분함을 느끼는 것보다 바짝 긴장하며 가슴 졸이는 시간이 더 많아졌다. 진정 소중한 걸 잃어가며 그렇게 열심히 일해야 할 이유는 도대체 무엇일까 하는 의문이 끊임없이 생겼다.

그 모습을 거울삼아 보니 그때야 비로소 내 삶의 모순이 보이기 시작했다. 건강과 행복, 소중한 사람과의 관계를 저 멀리 구석에 치워두고 오직 성과에만 매달리고 있는 나의 하루하루가 보였다. 오랫동안 나는 명문대 진학을 위해 우수한 성적을 받고자 달렸다. 지금은 좋은 직장에 가기 위해 마지막(?) 경주를 하고 있는 중이었다. 그런데 "명문대를 졸업하고 대기업에서 일하는 사람이 행복하지 않다면 나는 왜 그것을 위해서 달려야 하는 것일까?" 하는 의문이 들었다.

'나도 아직 잘 모르겠지만 뭔가 이상한 건 확실해. 곰곰이 생각해보자.'

나는 과거의 일을 돌이켜보며 내 소중한 10년을 빼앗아간 시간 도둑을 찾아보려 애썼다. 그리고 곧 결론을 내렸다. "나는 어릴 때부터 얼떨결에 등 떠밀려 경주를 시작했으며, 달리다 보니 나름의 재미와 성취감도 느꼈다. 그렇게 계속 달리다 보니 나중에는 달리기밖에 할 줄 모르는 사람이 됐다"라는 것이 내가 달리고 있던 이유였다.

달리는 건 힘들었지만 잘 뛰었을 때 받는 칭찬과 뿌듯함은 만족스러웠다. 중학교 때 등수가 올라가고, 성적이 오르니 공부에 재미를 붙였다. 전교에서 몇 손가락 안에 든 적도 있었다. 죽어라 공부해서 외국어고등학교에 진학할 수 있었다. 그 과정에서 부모님과 주변 어른들의 칭찬도 받았고 우월감도 맛보았다. 한동안은 성취감과 다른 사람들로부터 받는 인정이 인생에서 가장 큰 기쁨인 줄 알았다. 이 세상에는 '기쁨'이라 이름 붙일 만한 것이 적어도 31가지가 넘을 만큼 다양하다는 것을 나중에야 알게 됐다. 그리고 난 이제 우월감과 다른 사람들로부터 받는 인정에는 관심이 없다. 이제는 남보다 우월해지고 싶지도 않고 다른 사람이 나를 인정해줘야만 내가 가치 있는 것이 아니니 고작(!) 그런 것으로 기쁨을 느끼지 않는다.

그렇게 공부만 하다 대학생이 돼버린 나는 잘하는 게 시험공부밖에 없었다. 대학교 2학년 때부터 공무원 시험을 준비했다. 끝이 보이는 마지막 경주인 줄 착각하고 있었는데 아버님의 얘기를 듣고 보니 이게 마지막이 아니라는 걸 알 수 있었다.

"30년 전으로 돌아간다면, 난 무엇을 했을까…?"

아버님의 혼잣말 같은 질문을 듣고, 내 인생에 대해 생각해보게 됐다. 나는 어떤 삶을 살고 싶을까? 내가 좋아하는 건 뭘까? 누구도 삶에 대해 미리 알고 태어나는 사람은 없다. 누구나 어떻게 살아야 하는지, 무엇을 해야 하는지 모른 채로 삶을 시작한다. 삶은 그걸 알아가는 여정일지도 모른다. 러시아의 대문호 톨스토이도 "나는 무엇을 해야 하는가?"를 아는 것이 가장 중요하다고 했다. 인간이 무엇을 해야 하는지 알고 있다는 것은 인간이 알아야 할 모든 것을 알고 있다는 의미이기 때문이다. 그런데 우리는 자신과 자신의 삶에 대해 알아보려고 하지 않는다. 뒤지지 않도록 빨리 달리고 인생에 대한 고민은 나중에 하라고 한다. 지금 한가하게 그런 생각이나 하고 있을 때가 아니라고 한다.

지금 와서 생각해보니 그런 어리석은 말이 어디에 있나 싶다. 어디로 향하는지도 모르고 달리는 바보 같은 짓을 해야 한다니…. 인생이 여행이라면 목적지 없이 그 여행 자체를 즐겨도 괜찮지만, 목표하는 바 없이 치열한 경쟁을 할 필요는 없다. 내가 경쟁 자체를 즐기는 사람도 아닌데 말이다. 아니, 나는 정말 싫었다. 몇 시간 동안 집중해서 문제를 풀어야 하는 것도 싫었고, 문제 하나에 우유처럼 내 '등급'이 바뀌는 것도 싫었다.

달려야 할 이유는 분명하지 않았지만 멈출 이유는 있었다. 왜 살아야 하며 어떤 삶을 살아야 하는지 모르니 그걸 먼저 찾아봐야 했기 때문이었다. 만약 다시 달리게 되더라도 속도보다는 방향을 알고 달리게 된다면 좋겠다. 그렇게 나는 그날 달리던 경주를 멈추고 길 밖으로 벗어났다.

내가 꿈꾸는 회사가
지구에 없다면
차례

PART 3

그렇게 작은 회사 사장이 된다

PART 4

돈보다 시간 부자로 산다는 것

PART 1
뭐 어때, 포기해도 괜찮아

가끔 나는 이렇게 외치고 싶을 때가 있다.
"우리 그냥, 하고 싶은 것 좀 하고 살자고요!"

마녀의 말은 잠시 무시하고

라푼젤의 노래

애니메이션 영화 〈라푼젤〉에는 내가 좋아하는 〈When Will My Life Begin〉이라는 노래가 나온다. 어릴 때 마녀에게 납치되어 성안에서 살아가는 라푼젤이 "언제 나의 삶은 시작될까?"라며 부르는 노래다. 자신을 엄마로 속인 마녀는 라푼젤에게 성밖의 세상에 대한 두려움을 심어준다.

"세상이 얼마나 험한 줄 아니, 라푼젤? 바깥세상엔 위험한 것들이 득실대, 아직은 때가 아니란다."

라푼젤은 바깥세상을 궁금해한다. 나가고 싶다는 마음이 자꾸 생기지만 마녀의 말이 만들어낸 두려움 때문에 그 마음을 억누른다.

딱 예전의 내 모습 같고, 우리의 이야기 같다. 실제로 내가 회심(?) 후에 하고 싶은 일을 도전하려고 할 때마다 나는 이런 말들을 직접 또는 건너서 듣곤 했다.

엄마는 내가 창업하기 위해 노력할 때 "9급 공무원이라도 좋으니 공무원을 준비하는 게 어떻겠니?"라고 말했다. 엄마의 지인은 이렇게 말했다. "기연이가 뭘 한다는 건지 도통 모르겠네요. 다른 사람들은 뭐 바보라서 그렇게 사나요?" 대학교 선배는 이렇게 말했다. "휴학을 2년 동안이나 한다고? 취업할 생각이 있긴 한 거니?" 중퇴를 하겠다는 결정에 수많은 사람은 "너 그러다 큰일난다. 다른 건 몰라도 무조건 학교는 졸업해야 돼"라고 말했다. 책을 써보겠다는 말에 친구는 말했다. "책을 쓴다고? 책이 요즘 잘 팔리지 않는다던데…." 전화영어 사업을 시작할 때 누군가는 말했다. "전화영어는 경쟁이 치열할 텐데 망하면 어떻게 하려고 해?" 남편과 함께 일하며 여행을 다닌다고 했을 때 주변 사람들은 "너는 몰라도 남편은 꼭 회사를 다니도록 해야 돼"라고 말했다.

그동안 한 번도 세상의 기대에 어긋나지 않고 살아서 듣지 못했던 말들이었으나 용기를 내자 비로소 들렸다. 이 말들은 내 마음속에 내재돼 있던 두려움이기도 했다.

두려움만 내 몫인 건 아닌데

사람들이 나에게 했던 말에는 공통점이 있다. 현실의 어려움, 불확실성, 두려움만을 이야기할 뿐 나의 '하고 싶어하는 마음'을 조금도 고려하지 않았다는 점이다.

"휴학하고 그동안 하고 싶었던 거 해볼래요."

"다른 나라에서 살아보고 싶어요."

"하루 종일 일만 하고 싶진 않아요."

내 이야기엔 공통점이 있었다. 하고 싶은 일이 있어서, 그 일을 하고 싶다는 거였다. 사람들은 하고 싶은 일만 하며 살 수는 없다고 말했다. 도전해선 안 되는 실질적인 이유를 설명했고, 미래를 대비해야 한다고 조언도 들려줬다. 그러다 큰일이 날지도 모른다고 경고하며 현실을 일깨워주기도 했다. 그러나 사람들은 중요한 사실을 잊었다. 이것은 내가 가진 믿음 중 하나인데, 사람은 하고 싶은 걸 하며 살아야 한다는 것이다. 가끔 나는 이렇게 외치고 싶을 때가 있다.

"우리 그냥, 하고 싶은 것 좀 하고 살자고요!"

하고 싶은 일을 하지 말라고 말리는 사람들에게 묻고 싶다. 그럼 하기 싫은 일을 하면서 사는 것이 과연 만족스러우며 바람직한 삶이라고 진정 믿는 것인지. 하고 싶은 일이 없다면 천천히 생각해볼 문제이지만 하고 싶은 일이 있다는데 왜 자꾸 하기 싫은 일을 하라는 건지 말이다. 나는 하고 싶은 일과 현실적으로 해야 하는 일 사이에서 고민할 때는 언제나 하고 싶은 일 쪽에 무게중심을 둔다. 하고 싶은 일이 해야 하는 일을 이길 수 있도록 든든히 힘을 실어 준다. 일단 하고 싶은 일을 하면서, 걱정되는 현실적인 문제들을 해결하거나 조금이라도 완화하는 방법을 찾는다. 물론 현실적인 문제 해결이 항상 쉽지는 않으므로, 하고 싶은 일을 위해 어떤 부분은 포기하는 것도 중요한 방법이다.

주변을 둘러보면 마음을 따르기보다 현실적으로 해야 하는 일을 선택하는 경우가 많다. 그 이유를 깊이 들여다보면 생계에 대한 두려움이 있다. 이렇게 살다가 나중에 생활비가 없거나 일자리를 잃으면 어떡하지? 이런 걱정과 불안함이 누구에게나 있다. 더 나아가 생존하기 어려울 수 있다는 본능적인 두려움에서 비롯된 생각이기도 하다.

라푼젤이 마음 끌리는 대로 성밖에 나갔을 때, 마녀의 말이 맞다면 나쁜 사람들에게 납치되거나, 동물의 습격을 받을 수도 있다. 나는 동물의 습격을 받아서 빨리 죽게 된다고 해도 내가 하고 싶은 일을 하다가 죽는 게 낫다고 생각했다. 삶을 길게 연장시키는 것보다 짧게 살더라도 하루하루 해보고 싶은 일을 하는 게 더 중요하다고 판단 내렸다.

누군가는 나에게 돈을 가능한 많이 벌고, 모아야 한다고 말했다. 노후에 돈이 없으면 비굴해지고 삶이 피폐해진다고 했다. 그러나 애초에 우리는 삶에 찾아오는 모든 위험을 다 대비하고 살 수 없다. 불확실함이 삶의 규칙이고 질서다. 돈을 다 모아놓아도 돈으로 해결할 수 없는 문제들이 찾아온다. 물론 생계를 위해 지속적으로 돈을 모아야 한다. 하지만 언제 올지 모르는 위험에 대비하기 위해 돈을 최대한 많이 버는 기계로 살고 싶지는 않다.

하기 싫은 일을 하면서 오래 사는 것이 중요한가? 아니면 짧게 살아도 내가 하고 싶은 걸 하면서 사는 게 중요한

가. 이는 선택의 문제다. 나는 후자를 택했다. 하고 싶은 걸 마음껏 하다가 운명의 그날이 오면 받아들일 것이다. 물론 할 수 있는 선에서 삶을 연장하기 위해 최선을 다하겠지만, 내가 할 수 있는 일이 없다면 한계를 인정할 것이다. 누구나 죽는다. 언제 다가올지 모르는 죽음과 삶의 불확실성 때문에 미래만 대비하면서 내게 주어진 시간을 다 보낼 수는 없다. 이런 생각들 덕분에 내 마음을 확인하며 진정 소중한 것을 깨닫게 된다.

이보다 좀 더 현실적인 질문으로는 이런 것이 있겠다. 하기 싫은 일만 하면서 돈을 많이 버는 삶이 좋은가? 하고 싶은 일만 하면서 돈을 적게 버는 삶이 좋은가. 역시 나는 후자를 택하기로 했다. 때때로 선택은 포기를 동반한다. 포기하는 이유는 선택한 것이 그만큼 소중하기 때문이다. 나는 기계가 아닌 두근거리는 심장을 가진 사람이라 설레는 마음을 따르며 살고 싶다. 마음 가는 대로 살기 위해서 기꺼이 다른 것들을 포기할 수 있다. '더 소중한 것'이 눈앞에 있다는 걸 알면서도 지금 가진 것들 중 아무것도 놓치지 않으려고 손을 움켜잡고 있는 사람은 '더 소중한 것'을 잃기 마련이다.

창업에 대한 유튜브와 강연을 시작한 이후 현재 자신의 상황에 만족하지 못하는 분들이 내게 고민을 털어놓았다. 대부분 회사 생활이 문제의 원인이었다. 어떤 사람은 이렇게 이야기한다.

"저는 지금 회사 생활이 정말 싫어요. 어떻게 그만둘까 계속 고민하고 있어요. 그렇지만 회사가 주는 월급과 안정감은 포기하기 힘들어요. 회사를 다니는 동안 투잡을 해서 월급만큼 수입을 얻은 후에 회사를 그만두고 싶어요. 그런데 퇴근 후엔 녹초가 돼서 다른 일을 하는 게 쉽지가 않아요."

이럴 때는 나에게 더 중요한 것이 무엇인지 생각해볼 필요가 있다. 모든 것이 완벽히 준비되는 상황은 거의 만들어지지 않는다. 반면 다음과 같은 생각을 하고 있다면 나처럼 다른 무언가를 포기할 만큼 자신이 지키고자 하는 것의 소중함을 알고 있는 사람이다.

"회사 생활이 너무 힘들고 저는 지금 행복하지 않아요. 나중에 돈이 없어서 힘들 수는 있겠지만 그래도 좀 더 자유롭게 살고 싶어요. 하고 싶은 일을 지금 하고 싶고요. 퇴사한 후에는 아르바이트를 하거나 적은 시간이라도 일하면서 어떻게든 돈을 벌 거니깐요. 돈은 아껴 쓸 자신은 있거든요. 그러면서 다른 방도를 찾아보려고요."

내가 만약 위험에 완벽히 대비한 후 나가려고 했다면 결국 성밖을 뛰쳐나갈 수 없었을 것이다. 대입 준비 후엔 취업과 결혼 준비, 내 집 마련 이후엔 노후 준비가 기다리고 있다. 이 성에서 나가는 방법은 모든 준비를 완벽하게 하는 것이 아니라 그냥 이 성을 나가기로 마음먹는 것이었다. 성밖을 나가기로 결심했다고 하면 사람들은 그 다음 계획을 추궁하듯 물어볼 것이다. 그러나 우리도 이제 겨우 성밖으로 나갈 생각을 했는데 당장에 그런 구체적인 계획이 있을 리가 없지 않은가.

집이 불타고 있을 때는 일단 나와야 한다. 불타는 집에서 가만히 고민만 하며 있을 수는 없는 노릇이다. 두근거리는 마음이 사라진 상태가 지속될 때, 매일 똑같은 일상이 무료하고, 삶의 이유를 알 수 없어 무기력할 때, 긴장과 스트레스가 가득한 하루하루가 이어질 때, 우울함 때문에 깊은 고통을 받을 때… 이런 상황이 바로 불타고 있는 집일 수도 있다. 물론 불타는 집에서 나오는 방법이 반드시 퇴사하는 것이 아닐 수도 있다. 그것이 어떤 방법이든 무거운 부담감을 내려놓고, 내 마음의 소리에 좀 더 귀 기울이는 쪽을 선택해야 할 것이다.

성밖으로 나간 그날부터, 진짜 나의 삶이 시작된 느낌이었다. 삶은 내게 매 순간 느끼고 배워야 할 모든 것을 가르쳐 줬다. 용기 내어 문을 열기 전에는 상상도 하지 못한 멋진 일들이 펼쳐졌다.

체면비용 말고 생계비용

생계비용 vs. 체면비용

헨리 데이비드 소로는《월든》에서 "비교적 자유로운 이 나라에서도 사람들은 대부분 무지와 오해로 인해 부질없는 근심과 과도한 노동에 몸과 마음을 빼앗겨 인생의 아름다운 열매를 따보지 못하고 있다"라고 말했다.

나의 무지와 오해 때문에 이 세상에는 내가 해야 하는 일들이 끝없이 많다고 생각했다. 공부도 잘해야 하며, 경제력과 역량도 키워야 하고, 결혼도 해야 하며 성공도 이뤄야 한다는 생각들이 나를 꼼짝 못하게 묶어 뒀다. 또한 잘하지 않으면 큰일이 날 거라는 불안감에 빠지도록 했다. 잘해야 한다는 생각들은 무거운 짐이 됐고, 인생의 아름다운 열매인 기쁨을 제대로 느끼지 못하게 만들었다. 그 짐을 가볍게 줄이면서 자유는 시작됐다.

"안 죽어." 문득 두려움이 스밀 때 되뇌었던 말이다. '돈 못 번다고 안 죽어. 실패한다고 안 죽어. 큰일 안 나. 어떻게든 살게 돼 있어. 괜찮아.' 이런 생각을 하면 두려움과 마주할 용기가 생겼다.

1년 전 쯤, 퇴사를 고민하는 동생에게도 그런 생각이 필요했다. 매일 10시간 넘게 일하면서도 존중받지 못한 채 1년을 버텼던 회사였다. 힘든 회사 생활에 눈물을 흘리는 동생에게 이런 말을 해줬다.

"인생에서의 의무는 일단 생존하는 거야. 다른 건 그 다음 문제야. 살지 않으면 아무것도 할 수 없잖아. 생존하는데 많은 돈이 들 것 같지? 아니야. 매일 먹는 두세끼 밥값에 그렇게 많은 돈이 들지 않아. 한 달에 우리 부부 식비가 50만 원 정도야. 그리고 한 달에 50만 원 월세를 내니까 1인당 25만 원이면 되고. 일단 그렇게만 되면 우리는 충분히 살 수 있어. 네가 퇴사하고 아르바이트 하면서 산다고 해서 죽지 않아. 1년 정도 쉬다 다시 회사 간다고 죽지 않고, 돈을 조금 덜 번다고 해도 괜찮아. 그런데 매일 그렇게 출근하기 싫어하는데 버티면서 살아야 할 이유가 없지 않을까? 삶의 이유가 없으면 사람은 죽을 수도 있어. 일단 살아남아. 너를 사랑해주고, 네가 하고 싶은 거 하면서 살아."

"응…. 맞아. 나 정말 이러다 죽을 것 같아. 아르바이트 하면서 살아도 난 정말 괜찮을 것 같아."

동생은 퇴사를 힘겹게 결정했다. 그 과정도 녹록치는 않았다. 회사 사람들을 포함해서 주변 사람들이 말렸고, 귀가 얇은 동생은 그때마다 괴로워했다. 어떤 사람은 무례하게도 "너 집에 돈이 많아?"라고 물었다. 앞으로의 커리어가 엉망이 될 거라며 겁도 줬다. 동생은 결국 퇴사를 했고, 지금은 그때보다 수입은 줄어들었지만 업무량이 많지 않은 회사에 입사해서 좀 더 즐겁고 가벼운 일상을 보내고 있다.

우리가 살아가는 데 필요한 생계비용은 생각보다 많이 들지 않는다. 체면비용이 많이 들어갈 뿐이다. 나는 가끔 밥과 몇 가지 반찬만 있어도 풍족함을 느낄 때가 있다. 지구상의 수많은 사람이 20~30만 원으로 한 달을 살아간다. 방문했던 여러 아시아 국가에서 한 달에 20만 원으로 살아가는 사람들을 수없이 많이 보았다. 그런데 카페에 가서 왜 디저트를 꼭 먹어야 하고, 여러 벌의 옷과 가방을 가져야 하는가? 왜 적당히 안락한 집이 아닌 더 비싸고 좋은 아파트에 살아야 하는가? 이것들은 모두 생계비용이 아니다. 체면비용이다. 생계에 대한 두려움과 더불어 사람들이 두려워하는 것은 체면이 서지 않는 것이다. 물론 어쩌면 후자가 더 두려운 사람들도 많겠지만.

내가 꿈꾸는 회사가 지구에 없다면

우리는 모두 인정받고자 하는 욕구를 갖고 있다. 다른 사람들에게 인정받지 못하고 이상하게 보이는 것을 두려워한다. 사람들이 볼 때 '괜찮게 사는 삶'을 살기 위해 다른 사람들의 생각을 자꾸 확인한다. 처음엔 나도 이 벽을 깨는 것이 어려웠다. 아무도 나에게 잘하고 있다고 말해주지 않을 때 그 행동을 하는 것이 두려웠다. 적은 돈을 벌면서 여유로운 시간을 보낼 때 사람들은 그런 삶이 멋지다고 해주지 않았다.

그럼에도 불구하고 나는 지금까지 다른 사람들의 생각

을 고려했다면 하기 어려운 많은 일을 했다. 일단 사람들은 생각보다 나에게 관심이 없다. 다들 자신에게 신경쓰기 바쁘다. 또한 남의 생각보다 더 중요한 건 내 생각이다. 그 사람의 삶에는 그 사람의 생각이 가장 중요하지만, 이건 내 삶이니까 내 생각이 가장 중요하다. 무엇보다 내겐 남의 시선과 기대에 맞춰 사는 것보다 더 중요한 게 많다. 내 마음이 즐거워야 하고, 소중한 사람들과 관계를 맺는 일이 더 중요하다. 남의 시선을 신경쓰느라 그보다 더 중요한 걸 놓치고 싶지 않다.

그래서 나 자신에게 이렇게 자주 묻고 확인한다.

"모든 사람이 다 반대하고 인정하지 않는다고 해도, 너만을 위한 결정을 내릴 수 있니? 너의 삶을 살 수 있니?"

생계비용 이외에 다른 것에 돈을 쓰는 게 나쁘다는 말이 아니다. 체면 유지 때문에 스트레스를 받는다면, 그런 비용은 쓸 필요가 없다는 뜻이다. 나는 거기서부터 발걸음을 뗄 수 있었다. 나에게 생각보다 많은 것이 필요하지 않다는 것을 깨달았을 때, 사람들의 평가와 시선보다 내 마음이 중요하다는 걸 깨달았을 때, 용기를 내서 움직여 볼 수 있었다.

나에게 꼭 필요한 돈은 얼마일까 고민했다. 100만 원

이상을 벌면 살 수 있다는 결론을 내렸고 150만 원에서 200만 원이면 충분히 잘 살 수 있다고 생각했다. 사람들은 그보다 더 많은 돈을 벌어야 한다고 말했지만 그건 그들의 기준이었다. 나에겐 내 기준이 중요했다. 하고 싶은 일을 하고 살면서 생계비용을 충당할 수 있는 방법을 생각해 봤고, 내 기준에서 내가 꿈꾸는 직업의 조건을 다음과 같이 적어봤다.

꿈꾸는 직업의 조건

1. 하루 8시간 이하 일하는 직업(통근시간 포함이길 바랐다)
2. 강제적인 야근과 회식이 없는 직업
3. 1년에 두 달 정도 해외생활이 가능한 직업(해외 출장 등 해외 경험을 할 수 있는 직업)
4. 한 달에 150만 ~ 200만 원 수입이 가능한 직업

이런 직업이 어디에 있을까 생각하며 회사들의 채용공고를 훑어보았다. 이런 조건들은 고려하지 않는다고 해도 어떤 공고에도 지원하고 싶은 마음이 들지 않았다. 화장품을 비롯해 자동차, 철강, 전자제품에도 관심이 없었다. 그나

마 영어교육 분야엔 관심이 있었지만 내가 들어갈 수 있을 만한 회사들은 영어시험과 관련된 회사들이었다. 역시 마음이 내키지 않았다. 그만큼 내가 좋아하는 일이 없었다는 뜻이기도 했다. 높은 연봉과 멋진 회사에 들어갔을 때의 뿌듯함이나 다른 사람의 기대를 충족시키는 것은 이미 내 관심사가 아니었다. 취업을 준비하는 과정은 또 얼마나 힘든가? 필기시험을 본 후 합격 소식을 기다려야 하고, 살 떨리는 면접도 두 번씩이나 봐야 한다. 그 고생을 해야 하는 분명한 이유가 없다면 취업을 준비할 수 없었다.

나는 인생의 터닝포인트 이후에 결심한 것이 있다. 말하자면 '현재 중심 선택법'인데, 현재도 즐겁고 미래에도 도움이 되는 일이라면 한다. 하지만 미래를 준비하기 위해 현재가 즐겁지 않은 일은 하지 않는다. 예를 들어, 대기업 공채 준비는 미래를 위해 하는 일이지 과정 자체가 즐거워서 하는 일은 아니므로 하지 않는다. 오직 미래를 위해 현재를 희생해야 하는 일은 하지 않기로 했다.

생계를 유지하며 자유롭게 살기 위한 방법이 몇 가지 있었다. 하나는 아르바이트를 하고 사는 것이었다. 말하자면 프리터족이 되는 것. 대학생 때도 매달 아르바이트와 과외로 꾸준히 80만 원 정도의 돈을 벌었다. 아르바이트와 과외를 계속 병행하고 살면서 그 다음 방안을 천천히 찾아볼 수 있다. 또는 입사와 퇴사를 반복하는 방법도 있다. 1년간 일하면서 돈을 아껴 모은 뒤 퇴사해서 여섯 달은 백수로 살다가 또 다시 회사에 입사하는 것이다. 그러다 2년간 또 일한 후 여섯 달 안식년을 스스로 갖는 것. 두 방법 모두 오랫동안 지속하기는 어려울 수 있지만 일단 시도해 볼 수 있었다. 이 외에 사업을 하는 방법이 있었다.

"내가 직접 돈을 벌어보면 어떨까? 30만 원이라도 직접 벌 수 있다면 아르바이트와 병행할 수도 있고… 혹시 내가 150만 원을 벌 수 있을지도 모르지!"

도전해보고 싶은 마음이 스멀스멀 들었다. 해보고 싶은 마음이 생긴 이상, 해봐야 한다. 일단 눈앞의 1년만 생각했더니 용기가 생겼다. 1년 동안 마음 가는 대로 도전해보고 다시 생각해보기로 했다. 100세 시대 1년, 내 맘대로 산다고 큰일나지 않는다. 그동안 해보고 싶었던 일들을 해보고, 내가 회사 밖에서 돈을 벌 수 있는지도 실험해보기로 했다.

취업 대신 사업하겠습니다

엄마는 백수가 꿈이냐고 물었다

"엄마, 나 이제 공무원 시험 준비 안 하기로 했어요."

"요즘 보니까 공부 안 하는 거 같더라. 그럼 뭐 할 건데?"

"음… 설명하기가 좀 복잡한데. 한마디로 말하면 사업할 거예요."

"뭐라고? 사업? 무슨 사업?"

뚱딴지 같은 소리를 한다는 표정이었다. 도대체 앞으로 어떻게 하겠다는 것인지, 구체적인 계획이 뭔지 물었다. 이런 반응이 나올 거라 예상하고 있었다. 일주일 동안 급히 사업 계획을 세워본 이유가 그 때문이었다.

"하고 싶은 일이 두 가지 있어요. 우리나라의 결혼 문화가 바뀌었으면 해요. 결혼할 때 많은 비용이 들어간다는 고정관념이 있는 것 같아요. 작은 결혼식을 하게끔 도와주는 사업을 하고 싶어요. 그리고 또 하나는 우리나라 교육이 마음에 안 들어요. 교육을 바꾸는 사업을 하고 싶어요. 토론 능력을 키워주는 교육이라든가… 아니면 외국어 교육… 창의력 교육이라든가… 그런 거 있잖아요."

엄마가 탐탁지 않아 하는 표정일수록 나는 더 당황했고, 목소리만 커졌다. 나중에는 횡설수설했다. 나도 확실하지 않은 걸 설명하려니 땀이 삐질삐질 났다. 듣다가 못해 엄마가 하는 말이 이거였다.

"우리 집에 백수가 나겠구나."

나의 창업 사춘기

그렇다고 여기서 멈출 수는 없었다. 내 삶은 엄마의 의견보다 소중하니까. 나는 빨리 실험에 착수해야 했다. "이제 뭐부터 해야 하지?" 나의 첫 번째 사업 아이템인 스몰웨딩에 대해 인터넷으로 이것저것 조사했다. "펜션에 있는 잔디밭에서 결혼식을 하면 어떨까? 펜션 대여 비용은 얼마일까? 의자랑 테이블, 앰프는 어떻게 가져오지? 꽃은? 아무래도 자동차가 있어야 될 거 같은데…"

하지만 스몰웨딩 사업에 대해 조사할수록 내가 할 수 없는 것과 알 수 없는 것 투성이었다. 관심은 있었고 방법도 연구했지만 현실에서 어떻게 구현할지 결론을 내지 못한 것이다. 이때가 2013년 4월, 22세였던 내가 야심차게 시작한 첫 사업안은 아쉽게도 며칠 동안의 두통과 투자금 0원, 수익 0원으로 마무리됐다.

스스로 돈을 벌어보고 싶다고만 생각했지, 구체적으로 뭘 해야 할지는 몰랐다. 내 인생은 급커브를 틀었는데, 막상 다음 행선지는 정해지지 않은 셈이었다. 답답한 마음에 창업에 대한 책을 읽기 시작했다. 복잡한 내용은 머릿속에 잘 들어오지 않아서 《민들레영토 희망 스토리》《탐스 스토리》 등 창업 이야기가 담긴 쉬운 책을 읽었다. 《사업의 성공을 발견한 사람들》《20대, 창업으로 세상에 뛰어들어라》《저커버그처럼 생각하라》 이런 책들도 읽었다.

말 그대로 책은 친구 같은 역할을 해줬다. 대학생 신분으로 창업을 하겠다는 결심을 했을 때, 내 도전을 응원해주고 지지해주는 사람은 주변에 아무도 없었다. 응원은 고사하고 공감해주는 사람조차 없었다. 주변 친구들은 모두 취업을 준비하니 관심사가 달랐다. 나만 다른 길을 가는 것 같아 외로웠다. 그럴 때 책 속의 구절들이 나를 응원해줬다. "세상에서 가장 위험한 것은 어떤 위험도 떠안지 않는 것이다"라는 저커버그의 말을 읽으며 고개를 끄덕이고 안심도 했다. "앞으로 20년 후에는 당신이 했던 일보다 하지 않았던 일 때문에 더 후회할 것이다. 그러니 배를 묶어 둔 밧줄을 풀고 안전한 항구를 떠나라. 무역풍을 타고 항해하라. 탐험하라. 꿈꾸라. 발견하라"라는 마크 트웨인의 말에 가슴이 뜨거워졌다.

창업을 결심한 후 세 달의 시간이 흘렀을 때, 처음으로 실현할 만한 아이디어를 찾았다. 나는 당시 한국외국어대학교 중국지역학과 학생이었다. 우리나라 사람들이 대부분 그렇듯, 나는 영어공부를 오래 해왔지만 영어로 말 한 마디 제대로 못했다. 그 점이 아쉬워서 중국어를 배울 때는 중국인 친구들과 대화를 자주 나누려고 노력했다. 그런데 중국어과 친구들을 보니 중국어 회화를 책으로만 공부하고 있었다. 그 모습을 보고 중국어 연습을 할 중국 친구를 연결해주고 소개 비용을 받는 아이디어를 떠올렸다.

— 중국어를 책으로만 공부하지 마세요! 중국인 친구와 프리토킹 하실 분 모집합니다. 카페에 가입하면 프리토킹 자료도 보실 수 있습니다.

시간 당 6,000~7,000원에 프리토킹 연습을 해줄 중국인 친구를 찾아 한국인 친구들과 연결해주는 '펑요나라'를 시작했다. 소개비는 1만 5,000원이었다. 그게 나의 첫 프로젝트였다. 한 달에 3명이 신청하면 4만 5,000원, 4명이 신청하면 6만 원을 벌었을 뿐 수입은 더 이상 늘지 않았다. 페이스북 홍보만 했기 때문인지 신청한 사람들은 주로 지인들이었다. 나의 첫 창업 아이템인 '펑요나라'는 투자금 0원으로 손해는 없었지만 수익은 40만 원에 그쳤다.

그 다음으로 뛰어든 일은 여행 프로그램이었다. 나는 항상 해외에 나가고 싶어했다. 대학생 때는 적금으로 여행 경비를 마련했다. 1년에 한 번은 꼭 여행을 간다는 생각으로 돈을 모았다. 중국이 가장 비용이 저렴하고 오랫동안 머물 수 있는 여행지여서 매해 중국에 한 번씩 갔다. 그때 여행하는 나라의 언어를 조금이라도 배우면 훨씬 더 재미있는 경험을 할 수 있다는 것을 느꼈고, 여기서 야심 찬 두 번째 사업 〈청춘날다〉 프로젝트가 시작됐다.

— 저와 함께 10일간 북경 여행 가실 분을 모집합니다. 비용은 100만 원입니다. 중국 여행 전에 중국어를 가르쳐 드리고, 여행지에서 중국어로 대화를 나누는 활동이 있습니다. 많이 신청해주세요!

페이스북에서 7명의 참가자를 모았다. 내 동생과 동생의 친구들, 내 친구들, 그리고 내 친구의 친구들이었다. 혼자서 얼마나 재미있게 프로그램을 준비했는지 모른다. 소책자를 만들어 북경 지도와 지하철 지도를 넣었고, 10일간의 일정표와 여행할 때 필요한 중국어 표현도 담았다. 여행 중에 중국어를 활용할 수 있는 '런닝맨', '골든벨' 등의 게임도 만들었다. 하지만 막상 중국에 도착했을 때는 나의 중국어 실력이 너무 부족할 뿐 아니라 친구들을 잘 가이드해야 한다는 부담 때문에 그저 즐길 수만은 없었다. 내 실수로 바가지 쓰기도 했고, 내가 미션을 정확히 설명하지 않아서 친구들이 무더운 날씨에 생고생을 했던 일도 있었다. 이때 들어간 돈은 100만 원, 수익은 20만 원 정도였다. 투자에 비해 수익은 적었지만 좋은 친구들과 함께했기 때문에 잊지 못할 즐거운 여행이었다.

여행을 다녀온 뒤에 이 여행 프로그램을 사업화하기 위해 여행사 창업 설명회에 참석했다. 여행사를 창업하려면 여행업 인허가를 받아야 하는데 일반 여행업은 1억 원의 잔고가 증명돼야 했다. 대학생인 내게 1억 원이라는 큰돈이 있을 리 없었다. 결국 실현할 수 없는 아이디어였다는 걸 깨닫고 포기를 선택할 수밖에 없었다.

해보지 않으면 알 수 없는 것

"아는 분이 중국 온라인 마켓 타오바오에서 한국 신발을 팔아요. 반응이 좋아서 잘 팔리고요. 지금은 직원이 8명이

래요."

창업이라는 관심사를 가진 같은 대학교 학생들로부터 들은 정보였다. 이 이야기를 듣고 중국어에 어느 정도 자신이 있었던 나는 중국 온라인 쇼핑몰에 도전해보기로 마음먹었다. 처음에는 다른 분들과 동업해보려고 했지만 흐지부지되어 혼자 시도해보기로 했다. 사실 나는 패션에 대해서는 문외한이고, 쇼핑을 즐기지 않는다. 그러나 그때는 이것저것 따질 수는 없었다. '무엇이라도 한 번 해볼까?'하는 마음이 들고, 그것이 내가 시작할 수 있는 일이라면 해보는 게 내가 할 수 있는 최선이었다.

내가 모은 돈 100만 원 중에 50만 원으로 중고 DSLR을 구매하고, 50만 원으로 동대문에서 옷을 구매했다. 동대문 도매시장에서 사용하는 용어를 인터넷으로 배워뒀지만, 막상 시장에 갔을 때는 수줍어서 말도 제대로 못했다. 친구를 모델로 찍은 사진을 쇼핑몰에 등록했다.

중국인 친구에게 홍보글 교정을 부탁하면서 최소한의 비용만 지급하고 매출이 늘면 보상을 해주겠다고 약속했다. 지금 생각해보면 참 어이없는 제안이었다. 무리한 요청을 하는 사람들은 자기 중심적이고 남의 상황은 보이지 않는다. 지금 당장 나의 필요만을 생각할 뿐이다. 그 친구는 다행히 수락했지만, 나중에는 동업자가 아닌 이상 대가를 반드시 지불해야 한다는 것을 깨달았다.

타오바오라는 온라인 쇼핑몰에 내 마켓을 열기 위해서 중국 계좌가 필요했다. 중국 계좌는 중국 여행을 갔을 때 개설했다. 사업자등록증은 이미 결혼사업을 구상할 때부터 만들어서 업종만 추가했다. 타오바오에 인증하거나 상품을 올리는 방법은 〈타오바오 정복하기〉라는 인터넷 카페를 통해 많은 도움을 얻었다. 고생 끝에 마켓을 열고, 설레는 마음으로 주문을 기다렸다. 그러나 시간이 지나도 아무 일도 일어나지 않았다. 아무도 내 쇼핑몰의 존재를 몰랐으니 당연한 일이다.

그때부터 중국판 페이스북인 '웨이보'에 판매하는 옷의 사진을 올리기 시작했다. 일단 사람들이 내 마켓에 들어오게 하고 싶었고, 그러기 위해 SNS에 옷 사진을 올리는 것 말고는 뭘 할 수 있는지 몰랐다. 당시 웨이보에 팔로워가 많은 친구가 고맙게도 홍보를 한 번 도와주기도 했지만, 그 중 극히 소수의 사람들만 옷을 구매할 뿐이었다. 사람들이 더 이상 주문을 하지 않자 점점 지쳐갔다. 좀 더 다양한 옷을 사서 올리고 싶어도 더 이상 자본이 없었다. 결국 적성에도 맞지 않고 요령도 몰랐던 온라인 쇼핑몰 사업은 30만 원이라는 손해만 보고 포기하기로 결정했다.

문 하나가 닫히면 다른 문이 열린다

여기까지가 나의 창업 첫 해, 2013년에 일어난 일들이다. 총 세 가지 사업을 벌였고, 전체 투자금은 200만 원에 갖가지 경비를 제외하고 남은 실제 수익은 10만 원. 숫자로만 보면 이 1년은 아무런 성과가 없었다. 그렇게 별로 이룬 것도 없이 한 해가 끝났다. 시도한 프로젝트는 미흡했으며 돈은 거의 벌지도 못했을 뿐 아니라 모두 그만두기까지 했다.

그런데 신기한 건 '망했다'거나 '손해다'라는 마음이 들지 않았다는 것이다. 돌아보니 이렇게 '맨땅에 헤딩'하듯 사업을 펴고 접고 했던 시간이 배움의 첫걸음이었다. 한 번도 해보지 않은 일들을 '안 된다'가 아니라 '하면 된다', '될까' 하지 말고 '된다'는 마음으로 의심을 버리고 용기를 내자 생긴 변화였다. 창업에 대한 책을 읽기 시작한 것도 의미 있는 변화였다. 실제로 이때의 경험은 이후에 다른 일을 도전할 때 연결이 됐다. 씨를 심고 물을 주어도 새싹이 나지 않아 속상했지만 흙 아래 보이지 않는 곳에 뿌리가 생기고 있었다.

친구들과 다녀온 〈청춘날다〉 북경 여행을 기록하기 위해 블로그를 시작했다. 블로그의 시작 역시 미약했다. 글을 올리면 아무도 댓글이나 공감을 남기지 않았다. 시작한 지 1년이 넘도록 블로그는 나만의 일기장이었다. 하지만 이 미약한 시작도 나중에 많은 사람이 반응해준 〈이상커플〉 블로그로 이어지는 계기가 됐다.

"다른 건 모르겠는데, 지난 1년 동안 정말 재미있었어!"

힘들고 지치기도 했지만, 하루하루 새로운 일들이 펼쳐지면서 열정과 재미가 넘쳐났다. 무언가 하고 싶은 마음이 생기면 바로 실행해봤다. 앉아서 공부하는 것보다 돌아다니면서 하고 싶은 일을 하고 새로운 도전을 하는 게 훨씬 신났다. 미래가 뻔하게 정해진 게 아니라서 지루할 틈이 없었다. 그때까지 내가 살아온 날들 중 가장 설레고 흥미진진한 해였다.

2014년 1월. 처음 계획했던 1년이 지나서, 고Go를 외치거나 스톱Stop을 외쳐야 하는 기로에 섰다. 계속하고 싶은 일을 해볼지 아니면 취업 준비를 하러 돌아갈지 말이다. 돌아보니 1년이란 시간이 즐거웠고, 여기서 멈추는 건 아쉬웠다. 돈을 벌어서 다시 무언가를 시도해보고 싶었다. 그때 마침 나에게 중국에 있는 한인 영어학원에서 1년간 영어를 가르칠 수 있는 기회가 왔다. 대학교 선배의 가족이 운영하는 학원인데, 한국인 영어 문법 선생님을 구하고 있다고 했다. 기회가 어떤 문을 열어줄지는 모른다. 하지만 해보지 않은 새로운 일이니 분명 배움과 경험을 쌓을 수 있을 거라는 생각이 들었다.

'영어강사에 도전해보면 나중에 영어강사로 일할 수 있는 가능성도 열리지 않을까? 중국에 살면서 중국어 실력이 늘지 않을까? 혹시 그곳에서 어떤 아이디어를 얻어 사업을 시작하게 될지도 모르지.'

휴학기간이 2년이나 되면 다른 취준생들보다 나이가 많아서 채용시험에서 상대적으로 불이익을 받을 수도 있었다. 만약 그렇게 되면 영어학원 강사로 일을 하거나 영어교육 분야에 도전해볼 수도 있을 것 같았다. 앞이 보이지 않는 미래를 애써 점치려 하지 않았다. 단 한 가지, 나의 경험만을 생각했다. 아직 경험이 적으니 새로운 일을 시도해보면서 무엇이든 깨닫고 배울 수 있다는 것은 분명했다.

이 결정에 대해 아무에게도 의견을 물어보지 않았다. 내 마음만 확인했으며 1년 더 해보기로 결심했다. 중국에 가서 영어를 가르치며 중국어를 배우고, 언제 올지 모르는 기회를 붙잡아보겠다는 마음만으로도 떠나기에 충분했다.

하루 안에 또 다른 하루 만들기

시간은 다 계획이 있다

"저는 시간관리에 민감해요. 시간을 낭비하지 않으려고 주말에도 스터디 카페에 가서 공부해요. 출퇴근 시간에도 커리어에 도움이 될 만한 내용을 습득해요. 업무 트렌드에 뒤쳐지지 않으려면 계속 열심히 해야 한다는 생각이 들어요."

내 강연을 들으러 오신 분이 이런 얘기를 하셨다. 나도 이 느낌을 잘 안다. 길을 걸으며 영어 단어를 외우고, 화장실에서나 밥을 먹을 때도 책을 놓지 않은 적도 있다. 성과에 도움이 되지 않는 시간을 흘러 보낸 스스로를 자책했고,

더 많은 일을 해내기 위해 시간 쪼개 쓰기를 나 자신에게 요구했다.

일만 하며 살지 않을 거란 굳은 다짐을 하며 창업을 선택했지만, 그렇다고 내 삶이 바로 여유롭게 바뀌지는 않았다. 자유로운 하루를 처음으로 마주했을 때, 내 느낌은 이랬다.

'어…? 이래도 돼…? 느낌은 참 좋은데 이런 게 처음이라… 정말 괜찮은 건가…?'

사업을 시도한 첫 해에, 대부분의 시간은 뭘 할지 모르는 상태로 보냈다. 중간에 실행해볼 아이디어가 생각나면 그 일에 집중하고 최선을 다했지만, 아이디어가 없던 시간이 훨씬 많았다. 아르바이트를 해도 여전히 남는 시간이 많았다.

처음에는 하고 싶은 걸 조금씩 해보면서 상황을 살폈다. 그동안 해보고 싶었던 요가를 시작했고, 하루 종일 도서관에서 책을 읽으며 여유롭게 시간을 보내기도 했다. 발길 닿는 대로 여기저기 걸으며 따스한 햇살을 즐기기도 했다. 블로그에 일기를 끄적이기도 했다. 그러다가도 시간을 더 생산적으로 보내야 한다는 생각에 하루의 계획을 쓰고, 그것에 따라 살려고 노력하기도 했다. 미래를 위해서 도대체 무얼 해야 할까 머리 싸매고 고민하기도 했다. 여전히 예전 습관처럼 시간을 '생산적'으로 보내려고 노력하거나 조바심 내기도 했지만, 다시 걸음마를 배우듯 여유를 익히는 연습을 하는 동안 나는 조금씩 변하고 있었다.

— 중국에 처음 왔을 때 여유로운 시간에 좀 놀랐다.

이는 실제 내 블로그에 기록되어 있는 글이다. 1년 동안 중국에 있으면서 나는 여유 시간을 다루는 법을 조금 더 배웠다. 하루 4시간 동안 학원에서 일하는 것과 하루 한두 시간 수업준비 외에는 할 일이 없었다. 한국이었다면 학원을 다니거나 무언가를 쉽게 시작할 수도 있고, 친구들을 만날 수도 있었지만 외국생활은 달랐다.

남는 시간에 무엇을 할까, 뭘 하고 놀까 생각하기 시작했다. 지금 이 순간에 무얼 하고 싶은지 나에게 묻기 시작했다. 사람들이 외국 여행을 좋아하는 것이 이런 이유가 아닐까 싶다. 해야 할 다른 일이 없기 때문에 그저 그 시간을 즐기는 데 집중할 수 있다. 새로운 곳을 여행하고, 주변을 관찰하면서 걸어 다니고, 등산도 하며 해변 근처를 거닐고, 새로운 친구 사귀기 등이 내가 이곳에서 해야 하는 일이었다. 다시 어린아이로 돌아간 듯 호기심 가득한 시선으로 주변을 살피고, 새로운 것에 대한 놀라움을 만끽하며, 마음 편히 이 순간을 즐기게 되는 경험이었다.

몇 개월 후, 엄마와 동생도 어학연수를 하러 중국에 오게 됐다. 원래 혼자 살려고 구했던 13평쯤 되는 작은 집에서 셋이 여덟 달을 함께 지냈다. 한국에서는 한집에 살아도 바쁘다 보니 함께하는 시간이 적었는데, 중국에서는 매일 시간을 함께 보냈다. 무엇을 먹을지 메뉴를 정하고, 식사하면서 수다도 떨고, 매주 일요일에는 교회에서 예배 드린 후 시내에 나가서 여기저기 돌아다녔다. 그러다 보니 투닥투닥 말다툼도 잦았지만, 작은 갈등이 있다고 건강하지 않은 관계는 아니다. 나는 이때 가족이라고 해서 노력 없이 친해지지 않는다는 것을 깨달았다. 가족도 자주 얼굴 보며 서로 일상을 공유하고 깊은 속마음을 말하면서 가까워진다. 지금도 엄마와 동생과의 데이트를 자주 즐기고 있다. 그러면서 엄마에게 생색도 낸다.

"엄마, 거봐요. (그땐 엄마가 그렇게 반대를 했지만!) 지금은 내가 엄마랑 시간 많이 보내니까 좋죠? 대기업을 다니면 아무래도 바빠서 얼굴도 잘 못 볼 텐데 그게 좋아요?"

앞서 말했듯이, 나는 살아가는 데 생각보다 큰돈이 들어가지 않는다고 생각했다. 머리로만 했던 그 생각을 중국에서 몸으로 느끼는 경험을 할 수 있었다. 우리 셋은 월세가 20만 원짜리 원룸에서 살았다. 이 집은 인테리어도 안 되어 있었고, 1층이라 쥐가 나온 적도 있었다. 중국인 경비아저씨가 쥐를 손으로 잡고 해맑게 웃었던 기억이 난다. 그때는 소리를 지르고 난리도 아니었지만, 지금은 우리 세 모녀의 재미난 에피소드 중 하나가 됐다.

여유의 가치는 얼마일까

엄마와 동생이 쓰는 생활비는 한국에서 돌려받기로 하고, 내가 학원에서 받는 주급 35만 원으로 일단 생활을 했다. 동생도 카페에서 아르바이트를 했지만 중국은 시급이 적기 때문에 돈을 많이 벌지는 못했다. 나중에는 내가 전화영어를 운영하면서 돈을 더 벌기는 했지만 그 수입은 중국 돈으로 환전하지 않았다. 세 명이 내가 받는 주급으로 빠듯하게 생활하니 여윳돈을 좀 더 벌고 싶어서 한인 교포 노래 대회에 나갔던 적도 있다. 비록 3등 안에 들지 못해 상금은 받지 못하고 쓸모없는 상품을 받았지만 재미난 추억이 되었다. 중국의 싼 물가 덕분에 생활비가 덜 든 것도 있지만, 한 달에 140만 원을 벌고 월세를 내면서도 세 명이 얼마든지 잘 살 수 있다는 것을 확인할 수 있었다. 돈이 조금 부족해도 아낄 건 아끼고 쓸 건 쓰면서 함께 사는 사람들과 여유로운 시간을 보낼 수 있다면 가능하다.

'이렇게 좋은 걸… 몰랐으면 어쩔 뻔했어?' 나는 여유로움이 주는 행복에 종종 감탄하고 또 감탄했다. 한국에 돌아와서도 이 느낌은 계속 이어졌다. 혼자 천천히 걸어 다니며 꽃과 나무를 구경하고 스스로 주체 못할 만큼 소소한 기쁨을 느끼곤 했다. 하루는 내가 노래를 흥얼거리며 행복에 취한 듯 걸어가다가 만난 지인에게 "너 정말 행복하구나?"라는 말을 들었던 적이 있다. 좋아하는 사람과 하루 종일 수다를 떨며 맛있는 음식을 먹으면서 마음속 깊은 만족을 느낀 적도 수없이 많았다.

나는 할머니 할아버지와 일주일간 시간을 보낸 적이 있

다. 귀국한 지 얼마 안 됐을 무렵, 전화영어 사업을 운영하고 있었지만 고객이 별로 많지 않아서 자유로운 시간이 많았을 때다. 이때다 싶어서 그동안 생각만 했던 걸 실행에 옮겼다. 명절 때만 할머니 할아버지를 찾아뵙는 것이 아쉬웠는데, 일주일 동안 함께 지내며 두 분의 시간이 느리게 흘러가는 모습을 지켜봤다. 식사를 준비하고, 밥을 드시는 것도 천천히, 급할 것이 하나도 없었다. 할머니가 뜨개질할 때 옆에서 말동무도 돼드리고 할아버지와 산책을 가기도 했다. 귀가 잘 안 들리시는 할아버지와 필담을 나누기도 하고 도서관에 같이 가서 책을 보기도 했다. 할머니가 보고 싶어하던 친척을 만나러 함께 가기도 했다. 그렇게 시간을 보내고 집으로 돌아갈 때 두 분은 아쉬움을 보이셨다. 항상 바쁘게 사는 삶을 이어갔다면 두 분과 그런 시간을 보내지 못했을 것이다. 그랬다면 얼마나 후회가 깊을까? 지금은 두 분의 건강이 나빠지셔서 뜨개질하거나 산책도 하지 못하신다. 두 분과 함께 보낸 시간은 내가 가장 잘한 일 중 하나이고, 그때의 추억은 내 가슴 깊이 남아 있다.

달콤한 여유도 연습이 필요하다

"일을 적게 하면 불안하지 않으세요? 저는 뭔가를 계속 열심히 하지 않으면 불안해요. 이 불안감을 어찌해야 할까요?"

주 5일 근무에서 주 3일 근무를 거쳐 하루 3~4시간 업무를 시도해보고 있는 요즘, 내가 자주 받는 질문이다. 불안감을 줄이기 위한 현실적인 방법들도 필요하다. 하지만 더 중요한 건 불안감 같은 어두운 감정이 아니라 즐거움과 기쁨, 재미, 평안함, 여유, 만족 등과 같은 긍정적인 감정에 집중하는 것이다. 아무리 여유시간이 필요하다고 해도 소용이 없다. 사람들과 함께 취미생활을 하고, 하고 싶은 일들을 마음껏 하면서 여유시간이 있다는 게 얼마나 좋은지 직접 체험을 해봐야 한다. 돈 버는 일보다 더 큰 기쁨과 만족이 있다는 것을 경험한 사람은 자신이 좋아하는 일을 포기하지는 않을 것이다. 노는 게 얼마나 재미있는데!

"만약 당신에게 매달 300만 원의 돈과 매일 자유시간이 주어진다면 어떻게 살 건가요?"

일하지 않고도 매달 월급이 입금되기를 많은 사람이 소

망한다. 하지만 이 상황이 막상 닥치면 사람들은 대부분 무엇을 할지 모를 것이다. 주어진 자유시간에 무엇을 할지 모른다는 것은 내가 인생을 어떻게 살고 싶은지 모른다는 뜻이다. 우리에겐 텅 빈 백지가 주어질 필요가 있다. 그동안 우리의 시간은 항상 채워져 있었다. 해야 할 일이 정해져 있어서 인생에 대해 크게 고민하지 않아도 됐다. 공부하면 되고, 일하면 됐다. 빈 시간을 마주했을 때 비로소 내가 무엇을 하며 살고 싶은지, 어떤 삶을 살고 싶은지 생각해보게 된다.

《몰입의 즐거움》의 저자 미하이 칙센트미하이는 "한 사람의 삶이 알차려면 자유로운 시간을 어떻게 쓰느냐에 달려 있다"고 하면서 "여가시간을 지혜롭게 활용하는 법을 터득하기란 예상보다 쉽지 않다"고 말했다.

자유시간이 주어졌을 때 그 시간을 잘 활용하지 못하면 오히려 마음이 혼란스럽고 일상이 무료해진다. 여가시간을 지혜롭고 즐겁게 활용하는 법을 터득하는 것 역시 연습이 필요하다. 처음에는 그 시간을 그냥 흘려보낼 수도 있다. 나는 처음 몇 년간은 대부분 여가시간에 TV를 보곤 했다. TV 시청이 무조건 나쁜 것은 아니지만 '내가 TV를 보려고 이렇게 힘들게 여가시간을 쟁취했나?'라는 생각이 들면서 한심스러웠다. 하지만 이 역시 연습의 과정이었다. 계속 TV만 보면 지겨워서라도 뭔가 다른 일에 눈을 돌리게 된다.

예를 들어, 나는 지금 탁구 치는 것을 굉장히 좋아한다. 그러나 처음부터 탁구가 재미있었던 것은 아니다. '한 번 쳐볼까? 운동도 되고, 딱히 할 일도 없으니.' 이 정도의 생각에서 시작했다. 남편이나 동생과 몇 번 탁구를 칠 때까진 재미를 크게 느끼지 못했다. 그런데 5번쯤 갔을까? 탁구장에서 만난 어떤 분이 탁구 잘 치는 노하우를 알려줬는데, 이를 알고 나자 흥미를 갖기 시작했다. 그 이후 남편에게 제대로 탁구 치는 법을 배웠다. 한 시간 동안 땀을 뻘뻘 흘리며 탁구를 치게 됐는데, 이렇게 재미있을 줄이야!

나는 내가 좋아하는 게 별로 없는 줄 알았다. 예전엔 어떤 취미에 푹 빠지는 사람들을 보면 부러웠다. 지금의 나는 탁구 말고도 여러 가지 취미들이 있다. 보드게임, 등산, 락 클라이밍(실내 암벽 등반), 달리기, 플루트 연주, 그림 그리기, 뜨개질 등이다. 그런데 이런 취미들도 처음엔 시큰둥했다. 어떤 취미든 시간을 투자하며 방법을 배우고 익히면서 점점 빠져들게 됐다. '내가 이걸 해서 어디에 써먹어?' 또는

'별로 재미도 없는 것 같은데'라는 마음을 잠시 접어두자. 처음엔 가볍게 몇 번 시도해보는 걸로 충분하다.

예전과 달리 자유시간에 좋아하는 일과 해야 할 일이 늘어난 나를 보면 뿌듯하다. 인생의 즐거움을 찾아가는 것이 내겐 큰 기쁨이다. 미래와 현재 사이에서 줄다리기를 하듯 가끔은 좀 더 열심히 잡아당기고 하고 가끔은 좀 더 놓는다. 하지만 나를 혹사시키지 않는 법, 열심히 일한 나에게 온전한 선물을 주는 법도 안다. 그리고 일을 더 많이 하고 더 많은 돈을 벌어야 한다는 부담을 내려놓는 법을 배우는 중이다. 앞으로도 좋아하는 일을 찾고 발견하면서 매 순간을 살아가는 사람이 되고 싶다.

돈보다 사람을 벌어라

영어 배우는 영어 선생님?

고등학교 때 영어 선생님에게 중간고사에 대해 질문을 했는데 "시험은 가르쳐준 거에서 다 나오니까 질문하지 마"라고 말씀하셨다. 그때는 잘 몰랐는데, 영어학원에서 일을 하면서 선생님 마음이 이해가 됐다. '제발, 내가 모르는 거 질문하지 않았으면 좋겠다…'라고 생각할 정도로 내가 질문을 피하는 영어 선생님이 돼있었던 것이다. 나는 유학이나 어학연수 경험이 없었고 한국에서만 영어교육을 받았다. 영어를 좋아하긴 했지만 영어에 대해서 아는 것보다 모르는 것이 훨씬 많았다. 학원 학생들은 중국에서 국제학교를 다니는 아이들이라 내 생각보다 영어수준이 높았다. 어떤 반에는 한국어보다 영어가 편한 학생도 있었다.

학원에서 영어 수업을 할 때마다 부족한 내 영어 실력이 들통날까 봐 살얼음판을 걷는 기분이었다. 쉬는 시간에 미국, 캐나다 출신의 원어민 선생님을 만나면 빠르게 대화를 끝내버렸다. 학생들이 궁금한 눈빛으로 내가 영어로 어떻게 대화 나누는지 쳐다보기 때문이었다.

'도저히 이렇게는 안 되겠다'는 생각에 영어 회화 연습을 위해 필리핀 전화영어를 신청했다. 매일 한 시간씩 영어 회화를 시작했는데, 영어로 말을 한다는 자체가 속시원했다. 그동안 쌓였던 영어 회화에 대한 갈증이 조금씩 해소되는 느낌이었다.

그러다가 캐나다와 미국 출신의 원어민 선생님을 알아보기 시작했는데 영어권 특성상 인건비가 높아 전화영어 비용이 너무 비쌌다. 저렴하게 이용할 수 있는 방법을 고민하다 캐나다에 이민 간 친구가 떠올랐다. 고등학생도 좋으니 나와 영어로 대화하고, 회화 연습을 해줄 사람을 알아봐 달라고 했다. 그렇게 친구의 사촌인 안나를 만났다. 안나는 어릴 때 캐나다에 이민을 갔는데, 한국말을 어느 정도 할 줄 알았다. 교재로 공부한 것도 아니고 대화 중에 모르는 단어나 표현이 있으면 질문하며 매주 수다 떠는 것이 전부였다. 그런데 이게 이렇게 재밌을 수가!

좋은 시작에는 좋은 질문이 필요하다

안나에게 매달 16만 원의 수업료를 지급했는데, 한 달에 140만 원을 버는 나에게는 꽤 큰돈이었다. 전화영어를 원하는 다른 사람들에게 소개해주고 수수료를 받으면 내 수업료 부담을 줄일 수 있겠다는 생각이 들었다. 안나와 친구에게 전화영어 운영 의사를 묻자, 흔쾌히 좋다고 했다.

— 일주일에 한 시간이라도 영어로 말하십니까? 써먹지 못한다면 죽은 공부가 아닙니까? 캐나다 스카이프 프로젝트는 최소 비용으로 영어를 접할 수 있는 기회를 만들기 위해 노력합니다!

운영하던 블로그에 '캐나다 스카이프 프로젝트Canada

Skype Project'라는 제목으로 열정을 담아 글을 썼다. 캐나다 원어민 샘과 영어 연습을 할 사람을 모집한다는 글이었다. 처음 일주일 동안 신청자가 없었다. 그러다 한국외국어대학교 커뮤니티 사이트에 글을 올려봤는데, 그걸 보고 한 사람이 신청했다. 그분이 우리의 첫 고객이었는데 무려 매일 한 시간짜리 수업을 신청했다. 얼마나 감격했던지 6년이 지난 지금도 그분 이름까지 기억하고 있다.

처음엔 아무런 규정이나 신청서도 없이 시작했다. 연락이 오면 수업료를 받고, 아이디를 알려준 후 선생님에게 수업 시작 일정을 전달하는 게 전부였다. 사업을 그렇게 대충대충 해도 되는 거냐고 묻는다면 "그때 우리가 할 수 있었던, 그리고 딱 필요한 만큼의 절차였다"고 답할 뿐이다.

나는 가끔 우리가 너무 복잡한 사회에 산다는 생각이 든다. 사업을 시작하게 되면 해외법인을 만든다거나 사무실 임대부터 계약서 작성까지 준비 작업이 굉장히 많다. 그때는 그런 일을 할 능력도 자신도 없었다. 물론 문제가 될 만한 상황을 줄이기 위해 규제나 규칙들이 필요하다. 하지만 그것이 제약이 되어 우리를 꼼짝 못 하게 만드는 장애물이 될 때가 있다. 처음에 사람들은 각자의 목적을 갖고 규칙을 만들지만 나중에는 규칙을 만든 이유를 잊어버린다. 소중한 무언가를 지키기 위해 규칙은 존재해야 하지만 그것 때문에 소중한 걸 잃는다면 그 규칙은 버려야 한다. 일과 인생의 문제에 있어서도 이런 일들이 비일비재하다. 우리가 주 5일 동안 회사에 출근해서 일을 하는 이유는 더 행복한 삶을 살기 위해서다. 만약 더 행복한 삶을 살지 못한다면 그 규칙을 없애거나 바꿀 수도 있다. 원래 그런 것은 없고, 정해진 규칙도 없다. 내가 행복해지고 더 나아가 우리가 다 함께 행복해질 수 있는 일을 하면 된다는 것만이 규칙이다.

내가 전화영어 프로젝트를 시작한 이유는 영어 회화를 잘하고 싶다는 욕구 때문이었다. 그 목표를 위해 원어민과 영어를 연습하는 것이다. 그 목표에 부합한다면 다른 것들은 부차적인 문제가 아닐까. 멋진 사무실은 필요 없고, 해외에 법인을 세울 필요도 없다. 내가 안나와 매주 전화로 수다를 떨었던 경험을 다른 사람들도 할 수 있게 해주면 되는 것이다. 물론 처음에 사업자등록을 했고, 진행 과정 중 여러 문제들을 마주하면서 새로운 규정들을 추가하며 체계를 만들어갔다. 하지만 여전히 규칙은 본질 아래에 있다고 생각한다.

"어떻게 해야 우리의 서비스를 통해 사람들이 좀 더 행복해질까? 어떻게 해야 우리 서비스를 통해 사람들이 영어를 더 잘할 수 있게 될까?"

본질적인 질문으로 언제나 돌아가야 한다. 넓은 의미에서 사람들이 영어 수업을 듣는 것도 더 행복한 삶을 살기 위해서이다. 우리가 어떻게 해야 사람들의 행복에 기여할 수 있는지 묻는다. 또한 사람들이 영어를 공부하는 이유가 무엇인지, 어떻게 해야 회원들이 영어 말하기가 편하고 익숙해질 수 있는지 질문한다. 좋은 삶을 살기 위해서는 좋은 질문을 던져야 하듯 좋은 서비스를 제공하려면 좋은 질문이 필요하다. 답을 찾는 것보다 중요한 일은 질문을 잘 던지는 것이라고 생각한다.

드디어 50만 원을 벌게 된 날

회원들이 점점 늘어나면서 매달 수입도 약 10만 원씩 늘었다. 몇 개월이 지나, 처음으로 50만 원의 순수입을 얻었고, 그때 엄마에게 자랑스럽게 말했다.

"나 드디어 50만 원 벌었어요!"

엄마는 여전히 내 행보를 탐탁치 않게 여겼기 때문에 "50만 원 벌어서 어떻게 먹고살려고?"라고 말했다. 숫자나 겉모습만 봤다면 그럴 수 있다. 주변 사람들도 어떤 과정을 거쳐 벌게 된 돈인지, 나중에 어떤 가능성의 여지가 있는지 생각하지 않았다. 하지만 나는 그 가치를 알고 있었다. 아무것도 없는 상황에서 50만 원을 스스로 벌었다는 것은 의미 있는 일이었다. 이 50만 원이 나중에 100만 원이 될 수 있는 가능성도 있었다. 스스로 돈을 벌 수 있는 능력이 전혀 없었는데, 50만 원을 벌 수 있을 정도로 내 역량이 커졌다는 의미이기도 했다. 결과보다 중요한 것이 성장이라고 생각했다.

"지금 너의 영어 실력이 아직 부족하니까 영어를 좀 더 공부한 뒤에 그 사업을 시작하는 게 어떻겠니? 네가 영어를 잘하게 되면 영어공부의 좋은 사례가 되어 전화영어 사업이 더 잘되지 않겠니?"

처음 내가 전화영어 사업을 시작할 거라고 한 지인에게 말했을 때 그는 이렇게 말했다. 감사한 조언이었지만 이제 나는 안다. 영어 실력이 향상될 때까지 기다렸다면 나는 절대 전화영어 사업을 할 만큼 영어를 잘할 수 없었을 것이다. 부족한 상태로 사업을 시작했지만 이 일을 하면서 영어 실력도 점점 늘었다. 지금은 그 당시의 내가 상상하지 못할 만큼 영어가 익숙해졌다. 가끔 미국 드라마를 볼 때 자막이 필요 없거나, 외국인과 편안하게 대화할 수 있게 된 나를 볼 때면 뿌듯하다.

잘해서 하는 게 아니라, 하면 잘하게 된다. 강연을 잘해서 강연을 시작하게 된 것은 아니다. 강연을 잘하는 사람이 되고 싶어서 해본 것이다. 실제로 강연을 하다 보니 실력이 점점 늘었다. 글을 잘 써서 글을 쓰지 않았다. 예전의 글을 보면 부끄럽기 짝이 없는데, 날마다 블로그에 글을 쓰다 보니 글쓰기 실력이 늘었다. 영상 제작을 잘해서 유튜브를 시작한 것이 아니었다. 못하니까 배워보고 싶어서 유튜브를 시작했고, 유튜브를 하다 보니 영상을 좀 더 잘 만들게 됐다. 창업을 잘해서 사업을 시작하지 않았다. 직접 돈을 버는 방법을 배우고 싶어서 창업을 했다. 모든 것이 그랬다. 잘하지 못했지만 일을 하게 되면서 배웠다.

아마 그때 내 사업을 누군가 자세히 뜯어본다면, 엉망진창이라고 말했을지도 모른다. 실수투성이었고, 문제없이 돌아가는 게 신기할 정도로 제대로 정리가 안 되어 있었다. 나는 시작하는 것은 빠르지만 완벽주의와는 거리가 멀어 꼼꼼하지 않다. 나와 반대의 성향인 남자친구(현재의 남편)가 군대에서 제대를 하고 캐스전화영어에 합류하게 되면서 사업은 조금씩 체계를 갖추게 됐다.

사업을 하기 위해 필요한 것

회사 체질 또는 사업 체질의 기준

"스스로 최소한의 생계비를 벌 수만 있다면, 가능한 취업하지 않고 나의 일을 하고 싶다!"

처음부터 평생 취직하지 않고 살 거라 생각한 것은 아니었다. 그러나 시간이 지나면서 마음이 정해졌다. 그 이유는 주도적으로 일하고 싶어서다. 회사를 다니면 주도성이 떨어진다. 직원을 존중하는 대표를 만난다면 좋겠지만 그렇지 않을 수도 있다. 고용주의 성격과 결정에 따라 내 상황이 바뀔 수 있다는 점 때문에 불안감이 생겼다. 내가 할 업무를 스스로 결정하지 못한다는 것도 답답했다. 나는 하고 싶은 일이 종종 생겼고, 마음이 변덕스럽게 바뀌기도 했다. 평생 한 가지 일을 하고 싶지도 않았다. 또한 불의를 보고 참지 못하는 면도 있다. 불합리한 일이 있을 때면 목소리를 내거나, 목소리를 낼 수 없다면 답답함을 느끼곤 했다. 여러모로 회사생활과 잘 맞는 성격은 아닌 것 같다.

모든 일에는 장단점이 있기 마련이다. 주도권이 있다는 건 자유롭다는 뜻이고, 자유가 큰 만큼 책임도 크다. 스스로 내린 결정에 대한 책임도 자신이 져야 한다. "내 결정이 틀린다 해도 내가 직접 결정하고 싶다"면 사업과 잘 맞는 사람이다. 반면, 모든 일을 스스로 결정하는 것이 어렵거나 나보다 지혜로운 결정을 내리는 사람들과 일하는 게 좋다면 회사를 다니는 것이 더 잘 맞을 수 있다.

사업하는 사람은 스스로 책임만 진다면 자신이 하고 싶은 대로 할 수 있다. 몸이 아플 때, 눈치보지 않고 휴식을 택할 수 있다. 육아가 필요하면 누군가에게 내 일을 맡길 수도 있다. 근무시간을 조절하거나, 안식달이나 안식년을 가질 수도 있다. 그렇게 한 만큼 돈을 벌지 못하게 되면 그 책임을 지면 된다. 그러나 회사를 다닌다면 "이제부터 일주일에 3일만 일하고 그만큼만 월급을 받을게요"라거나 "한 달

쉬고 오겠습니다"라고 말하기는 현실적으로 쉽지 않다.

반면, 미래가 불확실하다는 것은 사업의 가장 큰 단점이다. 매달 매출이 다르고, 언제 사업이 힘들게 될지 알 수 없다. 사업의 가장 큰 어려움은 바로 '살아남는 것'이 아닐까 싶다. 그러려면 내가 만든 제품이나 서비스로 꾸준한 수익을 창출해야 한다.

회사 밖의 삶을 위한 준비물

"어떻게 해야 회사 밖에서 계속 먹고살 수 있을까? 미래를 걱정하며 현재의 시간을 보내지 않으면서도, 미래의 불확실성을 줄일 수 있는 방법은 없을까?"

사업을 하면서 자연스레 이런 질문을 하게 됐고, 경험이 쌓이면서 나만의 답을 찾아갔다. 내가 회사 밖에서 지속적으로 먹고살 수 있기 위해서는 두 가지가 필요하다는 생각이 들었다. 전문성과 영향력이었다.

우리가 평생 30~40년간 일을 한다고 가정할 때, 한 가지 사업을 그렇게 오랫동안 지속하기란 어렵다. 그렇다면 회사 밖에서 평생을 살아가는 사람은 한 가지가 아니라 여러 가지 사업을 해야 한다는 뜻이 된다.

"사업을 하는 사람이라면 정체성을 규정하지 마세요."

한 창업 관련 컨퍼런스에서 언론사 대표님이 이런 말을 했다. 자신의 사업 이야기를 들려주면서 지난 20년 동안 다양한 업종으로 변경해왔다고 말했다. 사업을 하는 사람이라면 자신이 어떤 일을 하는지 규정하지 말고 시대 흐름과 상황에 따라 변화할 수 있어야 한다고 했다.

사람들은 돈을 많이 벌 수 있는 아이템을 찾으면 사업이 성공할 거라고 생각한다. 하지만 그 사업 아이템도 3년 또는 10년을 지속하게 될지 모른다. 만약 10년 동안 그 사업 아이템에만 매달렸는데 어느 날 사업을 지속할 수 없게 된다면 어떨까? 그래서 그 사업을 접게 된다면 그 다음엔 무엇을 해야 할까? 10년 동안 그 일만 했다면 다른 일로 전환하는 것이 어렵다. 나는 어떤 사업을 하느냐도 중요하지만, 사업이 끝난 뒤에 나에게 '남는 것'도 그만큼 중요하다는 것을 느끼게 됐다.

"우리가 지금 하고 있는 전화영어 사업이 망하면 어떻게 할까?"

사업이 끝난 뒤에도 계속 남을 수 있는 것은 전문성과 영향력이다. 전문성이란 능력과 기술을 말한다. 영향력은 말 그대로 사람들에게 미칠 수 있는 영향, 사람들에게 무언가를 전할 수 있는 능력이다.

아무리 작은 프로젝트라고 해도 나름의 능력이나 기술이 필요하다. 내가 중국인들과 한국인들을 연결해주는 프로젝트를 진행할 때도 나의 중국어 실력이 어느 정도는 필요했다. 전화영어 사업도 영어를 전혀 하지 못하면 할 수 없는 일이었다. 블로그 체험단에 지원해 무료 상품을 받으려고 해도 블로그에 글을 잘 쓰는 능력이 필요했다. 창업을 시작할 당시 내가 직접 할 수 있는 일이 거의 없었다. 회사 밖에서 살아가기 위한 가장 안정적인 방법은 내가 할 수 있는 것들을 만들고 기술과 능력을 키우는 일이라는 것을 느꼈다.

마찬가지로 아무리 작은 프로젝트라도 영향력이 필요하다. 머릿속에서 아이디어를 떠올리고 현실에 옮겼을 때 아무런 반응이 없거나 아무도 구매하지 않는 것을 여러 번 경험했다. 아무리 좋은 상품을 만든다고 해도 그것을 홍보하는 방법이 필요하다. 그 상품을 알리는 방법은 단 두 가지다. 돈 아니면 시간이다. 마케팅 비용을 쏟아부어 상품을 알릴 수 없다면 시간을 들여야 한다. 요즘 마케팅은 대부분 온라인 상에서 이뤄진다. 인터넷은 사람들이 정보를 얻고 의견을 나누기 위해 모이는 공간이다. 온라인 상에 사람들이 모이게 하기 위해서는 내가 가진 정보와 이야기를 나눠야 한다. 꾸준히 내가 알고 있는 가치 있는 정보와 이야기를 공유하면 사람들과 연결될 수 있다.

만약 하루 7시간 근무한다면 업무시간 외에 기술과 역량 강화, 그리고 영향력을 쌓는 데에도 시간을 배정한다. 사업을 하면서 불안감을 줄이기 위한 하나의 장치다. 눈앞의 수입만 생각하면 현재의 일을 하는 데 모든 시간을 보내야 한다. 능력을 키우거나 영향력을 쌓는 시간은 당장의 수입으로 이어지지 않는다. 하지만 일부의 시간은 미래를 위해, 나중에 사업을 그만뒀을 때를 위해 쓰는 것이다.

어떤 일에서든 나를 성장시키는 법

나는 어떤 일을 통해 수입을 창출하려고 생각할 때, 가능한 무엇이든 배우면서 돈도 벌 수 있는 일을 하려고 한다. 예를 들어, 유튜브를 할 때는 그것을 통해 무엇을 배울 수 있는지 생각한다. 유튜브를 하면서 영상 편집을 배우게 된다면, 유튜브 채널로 돈을 벌 수 없게 되더라도 시도해볼 만하다. 당장 수입은 얻지 못해도 영상 편집 기술은 남을 테니까. 사업할 때는 기술을 배우고 경험도 쌓으면서 수입도 얻곤 하니 가끔은 '돈을 벌면서 능력도 키우게 되네'라는 생각을 하며 자기계발을 하게 된다.

전화영어 사업을 하면서 우리 부부는 영어 실력을 키우고, 창업의 경험을 쌓았으며, 직원을 관리하는 법을 배우면서 콘텐츠를 제작하는 연습도 하고, 세금 신고하는 법을 익히고 있다. 전화영어 사업을 하면서 블로그와 유튜브에 업로드한 글과 영상을 통해 많은 사람과 소통한다. 이렇게 되면 전화영어라는 사업이 끝났을 때도 무언가가 남는다. 다른 일을 또 시작할 수 있는 전문성을 확보하고, 새로운 일을 시작했을 때 사람들에게 홍보하는 영향력을 가질 수 있다.

우리는 가치를 교환하면서 살아간다. 나는 사람들이 영어를 잘할 수 있게 도와주고, 어떤 사람은 고장난 전자제품을 수리해주며 어떤 사람은 맛있는 음식을 제공해준다. 물물교환을 하던 예전과 달리 현재는 그 사이에 화폐가 끼어 있을 뿐이다. 내가 상대방을 위해 해줄 수 있는 무언가가 있다면 우리는 계속 가치를 교환하면서 살 수 있다.

그러기 위해서는 첫째, 우리가 상대방을 위해 할 수 있는 일이 필요하다. 둘째, 그 일을 통해 도움 받을 사람이 필요하다. 셋째, 나와 그 사람이 만날 수 있어야 한다는 것이 조건이다. 도움을 주고받을 상대를 찾을 수 있다면, 우리는 경제활동을 계속할 수 있다. 나는 이런 질문을 스스로에게 던진다.

"내가 상대방을 위해 해줄 수 있는 일은 뭘까? 나를 통해 도움을 받을 수 있는 사람은 누구일까? 그 사람을 어떻게 만날 수 있을까?"

내가 그동안 많은 시간을 공부에 할애하고 나서도, 아무런 능력과 기술이 없었던 이유는 내가 사람들을 도와주기 위한 기술을 쌓지 않았기 때문이다. 나는 단지 사람들에게 인정받고, 경쟁에서 이기며 입사 지원에 필요한 자격증을 얻고자 했다. 자격증과 학위를 취득하는 데 시간을 온통 쏟는 바람에 실제 능력을 키우지 못했다.

취업을 위해 해야 하는 일과 창업을 위해 필요한 것은 조금 다를 수도 있다는 생각이 든다. 취업하려면 내 능력을 상대방에게 잘 보여줘야 한다. 또한 우리나라에서 채용 시험은 수많은 경쟁자를 떨어뜨리기 위한 목적일 때가 많아서 실제로 가치 창출에 큰 도움이 되지 않는다. 반면 창업을 하기 위해서는 그 일을 잘해야 하며, 실제로 써먹을 수 있는 능력이 필요하다. 지금 나는 아무런 자격증이 없다. 하지만 예전과 달리 지금은 '할 수 있는 일'들이 있다. 창업에 대한 강연을 할 수 있게 됐고, 글을 쓸 수 있으며 영상 편집과 제작을 하고 영어로 사람들과 소통할 수 있다.

안타깝게도 우리는 서로 경쟁하여 좋은 점수를 받는 데 너무 많은 시간을 할애하고 있다. 그런 경쟁 과정에서는 가치가 생산되지 않는다. 1등이 3등이 되고, 3등이 1등으로 바뀐다고 새로운 가치가 생기지는 않는다는 말이다. 또한 열심히 한다고 누구나 1등이 될 수는 없다. 차라리 그 시간에 내가 가치를 만들 수 있는 일을 한다면, 그리고 그 가치를 사람들에게 연결하는 일을 한다면, 훨씬 더 적은 시간 동안 일하면서 내가 원하는 만큼의 가치를 생산할 수 있을 거라고 믿는다. 이런 상황은 사회 구조적인 문제가 얽혀 있기 때문에 쉽게 바꾸기는 어려운 것임을 안다. 하지만 실천 가능한 변화를 조금씩 이뤄내면서 우리나라 사람들이 좀 더 여유롭고 행복해졌으면 좋겠다.

서로 도움을 주고 받는 건 사업에만 해당되는 건 아니다. 혼자 살 수 있는 사람은 아무도 없다. 나는 사람들에게 도움을 받으며 살아간다. 그렇다면 사람들을 어떻게 도울 수 있을지, 그리고 사람들을 돕기 위해 어떤 능력을 키워야 할지도 고민해본다. 또한 그 사람들을 어떻게 만나야 할지에 대해 골똘히 생각하며 필요한 만큼 노력한다. 이것이 내가 취업하지 않고 살아가는 방법이면서 동시에 사람들과 협력하며 살아가는 방법이다.

덜 중요해서 포기합니다

생명력 없는 일

"학교를 꼭 다녀야 되나…?" 중국에서 캐스전화영어 사업을 시작하고, 한국에 돌아왔을 때, 학교는 2년이 남은 상태였다. 복학하라는 주변의 강력한 권유가 있었고, 나도 학교를 그만두는 것에 대한 강한 확신이 없었다.

사실 내 마음을 온전히 따르자면, 나는 학교에 다니고 싶지 않았다. 해보고 싶은 일들이 여러 가지 있었는데, 그중 '학교에 돌아가서 강의를 듣고 싶다'는 항목은 없었다. 처음 전공을 선택할 때와는 관심 분야가 달라져서 중국학 수업에 흥미가 생기지 않았고, 무엇보다 강의를 듣고 공부하는 것은 지금 하고 싶은 일이 아니었다.

나는 실험을 하고 싶었다. 하고 싶은 걸 하면서 내가 원하는 삶이 뭔지 알아보는 것과 회사 밖에서 먹고살 수 있는지 확인하는 실험이었다. 1년 동안 실험해보고 있지만, 아직 끝나지 않은 상태였다. 복학을 하면 학교 공부에 많은 시간을 할애해야 하고, 자유시간이 줄어들 거였다. 또한 학업을 병행하면 전화영어 사업에 사용할 시간과 집중력이 분산된다는 이유도 있었다. 실제로 고객들에게 연락이 와서 수업에 집중하지 못할 때도 여러 번 있었다.

당시 나는 사업으로 버는 한 달 수입이 100만 원 정도였다. 앞으로 수입이 늘어날 수도 있지만, 언제나 줄어들 수도 있었다. 사업만으로 평생을 먹고살 수 있을지 확신이 없는 상태였다. 그래서 일단 학교에 돌아가보기로 했다.

"기왕 다니기로 한 거니까 재밌게 다녀보자!"

이렇게 다짐하며 시작했지만 개강 둘째주부터 마음이 흔들렸다. 친구들과 수다 떨고 밥 먹는 건 즐거웠지만 강의는 귀에 들어오지 않았다. 그나마 관심 있는 것은 영어 원어 수업이었다. 영어를 듣고, 연습할 수 있었기 때문이다. 다른 수업들은 대부분 일방적인 강의였다. 여기저기 여행하고, 내 마음대로 프로젝트를 추진하면서 재미있는 일들을 경험해버린 내게 가만히 앉아서 일방적인 강의를 듣는 일은 생명력이 없는 활동처럼 느껴졌다.

1%의 이메일

대기업 퇴사 후 중국에서 창업을 한 대표님의 특강을 들을 기회가 있었다. 그분은 특강을 듣는 학생들에게 취업보다 창업을 추천한다고 강력하게 말했지만, 창업에 관심이 없는 대부분의 학생들은 심드렁했다. 출석 확인 후 강의실을 나가는 학생들도 많았다. 나는 반짝이는 눈으로 특강에 집중했고, 열심히 손을 들며 대답도 했다. 특강이 끝난 뒤 대표님에게 메일을 보냈다.

— 대표님, 강의 잘 들었습니다. 저에게 정말 소중한 강의였습니다. 요즘 제 상황에 대해서 조언을 듣고 싶습니다. 현재 전화영어 사업으로 130만 원 정도 수입을 얻고 있는데, 앞으로 좀 더 성장할 수 있을 것 같습니다. 사람들은

일단 학교 공부를 끝내고 나중에 창업을 하라고 합니다. 그런데 저는 취업을 하지 않고 사업하는 게 꿈입니다. 하고 싶은 일과 사업을 위한 일을 하지 못한 채 수업을 듣고 과제를 해야 하는 것이 내키지 않으며 시간도 아깝습니다. 저는 사회적 분위기나 주변 사람들만 아니라면 학교를 그만 다니고 싶습니다. 대학을 그만두면 안 된다는 말을 계속 들으니 고민됩니다. 짧게라도 조언을 들을 수 있으면 정말 좋겠습니다. 긴 글 읽어주셔서 감사합니다.

주변 사람들이 전부 내 생각을 말리고 있는 상태였다. 지금의 남편과 친구들도 말렸다. 부모님이야 당연히 반대할 것이기 때문에 말도 못 꺼낸 상태였다. 내가 먼저 확실히 결정한 후에 말하고 싶었다. 사실 내 마음은 이미 99% 정해져 있었다. 하지만 1%가 필요했다. 누군가 나에게 딱 한 마디만 해준다면 나는 바로 결정할 수 있을 것 같았다.

— 박기연 학생은 정말 대단하고 즐거운 고민을 하고 있네요. 간단히 생각해보세요. 대학을 졸업하고도 지금과 같은 꿈을 이룰 수 있는지요. 예를 들면, 지금 하고 있는 일

을 쉬다가 다시 하게 되면 새로운 경쟁 업체들 때문에 수익이 안 날 수도 있고요. 사실 아무리 작은 일도 자기의 사업을 만들어 유지한다는 건 아주 힘들고 어렵습니다. 대학 졸업 후 반드시 잘된다는 보장도 없을 수 있습니다. 그래서 빌 게이츠, 저커버그, 스티브 잡스… 그들이 학교를 중단하고 사업을 했을지도 모릅니다. 물론 대학 졸업장이라는 가치도 상당히 중요합니다. 그러나 특히 개인 사업을 생각하는 사람에게는 학교 졸업장은 별로 도움이 안 됩니다. 만약 지금 학교 교육이 본인의 사업에 크게 관련이 없다면 그리 중요하지는 않다고 생각합니다. 사업을 하면서도 학교 수업 이상의 것을 배울 수 있으니까요. 결론적으로 본인이 결정해야 합니다. 이렇게 고민하고 결정하는 과정도 인생에 상당한 도움이 됩니다.

메일을 몇 번이나 읽어봤는지 모른다. 두서없이 한 질문에 이렇게 정성껏 답을 해주신 대표님께 지금도 감사한 마음이다. 이 메일은 내게 그 1%가 돼줬다. 결국 중도 휴학을 하기로 결정했고, 다시 마지막 1년의 휴학을 한 후, 결국 중퇴를 했다.

덜 중요한 것을 포기합니다

나는 배우는 것이 싫어서 학교를 그만둔 게 아니었다. 적극적으로 더 많이 배우고 싶었다. 할 줄 아는 것이 너무 없어서 배우고 성장하고 싶었다. 내가 필요한 배움은 이론이 아니라 실전에서 써먹을 수 있는 실용적인 능력이었기에 학교에서 얻을 수 없었다.

지금 우리의 대학교는 4년짜리 자격증을 따는 것만 같다. 배움이라는 목적으로 대학교 진학하는 사람이 많지 않다. 우리가 배움의 목적이 있을 때 학원의 온오프라인 강의를 수강하는데, 대학교는 그런 목적이 없어도 일단 입학부터 한다. 학원에서는 학생들이 고객이라 그들을 만족시키려고 노력한다. 반면 대학교에선 학생이 주인공이 아니라는 느낌을 받곤 했다. 학생들의 수업 만족도와 상관 없이 교수님 마음대로 수업이 진행됐다. 말도 안 나올 정도로 수준이 낮은 수업도 많이 들었다. 학원은 마음에 안 들면 그만둘 수도 있지만 학교는 쉽게 그만두지도 못한다. 4년이란 시간은 짧지 않다. 분명 졸업장 이상의 가치를 만들어야 하는데, 시간이 아까울 뿐이었다. 나는 그 시간을 더 재미

있고 알차게 보내고 싶었다.

나는 학자금을 직접 해결하다 보니 그 비용도 아까웠다. 등록금 3,000만 원의 가치를 내가 돌려받고 있다고 느끼지 못했다. 내가 왜 이런 대학교육을 위해 25세에 3,000만 원의 빚을 안고 힘겹게 시작해야 하는지 이해가 안 됐다.

또한 학교는 언제나 돌아갈 수 있었다. 사업을 하다가 필요하면 학교에 돌아가도 되는 것이었다. 다시 무언가를 배우고 싶고, 그 배움이 대학교에서만 얻을 수 있을 때 다시 돌아가면 된다.

졸업장이 중요한 스펙이 되는 직업들이 있다. 그런 직업들은 내 관심사가 아니었다. 창업에 실패해서 취업을 해야 하는 상황이라면 내 실제 능력을 써먹을 수 있는 일자리를 구하고 싶었다. 그게 아니라면 창업을 통해 먹고살 것이니, 내겐 졸업장이 필요하지 않았다.

"너는 스티브 잡스가 아니잖아."

"네 생각은 맞지만 사회는 그렇게 녹록치 않아. 대학교 졸업은 꼭 해야 돼."

"나도 학교 다니는 게 싫고 네 말에는 동감해. 좋아서 다니는 애들이 얼마나 되겠니? 그래도 혹시 모르니까 학교를 졸업하는 것이 좋다고 생각해."

내가 내린 수많은 결정 중 아마 중퇴만큼 주변의 반대가 큰 결정도 없었을 것이다. 내가 창업이나 결혼을 한다고 했을 때와는 비교도 할 수 없는 강력한 반발이 있었다. 그러다 보니 점점 오기도 생기고 의문도 들었다.

'도대체 대학교라는 건 뭐지? 왜 다들 대학교를 나와야만 한다고 생각하는 걸까?'

조사를 하다 보니 우리나라에 있는 직업들 중 오직 30%만이 대학교 졸업장이 필요한 일이라고 한다. 그런데 대학교 졸업 비율은 70%나 된다. 예를 들어, 내 동생은 4년제 대학을 졸업하기 위해 3,000만 원이 넘는 빚을 떠안게 됐다. 그런데 사실 동생이 하는 일은 꼭 대학교를 졸업해야만 할 수 있는 것은 아니다.

한국의 수많은 학생의 시간과 돈이 낭비되는 것이 답답했다. 외국에는 대학교에 대한 개념이 훨씬 자유로운 곳도 많았다. 개선해야 할 문제라는 생각이 들었다. 수많은 청년이 만약 그 시간과 돈을 다른 곳에 사용했다면 어땠을까? 돈과 시간을 졸업장을 얻기 위해 쏟는 바람에 우리는 실제 능력을 키울 시간이 부족하다. 그 대가로 다른 사람들이 다 갖고 있는 졸업장을 얻게 된다. 이제는 대학교 졸업장만으로 안정적인 직장이 보장되지 않는 건 누구나 아는 사실이다. 그러니 졸업장뿐 아니라 능력까지 키우기 위해 더 바쁘게 살아가게 되고, 좋아하는 일을 하는 시간과 사랑하는 사람들과 보내는 시간은 줄어든다. 나는 그렇게 하지 않기로 했다. 뺄 건 빼고 얻을 건 얻기로 했다.

내가 다니는 대학교에서는 3년까지 휴학이 가능했다. 3년의 휴학이 끝났을 때에는 25세였고, 우리 부부의 사업 수입이 월 400만 원 정도 됐다. 또한 3년간 경험을 통해 앞으로도 어떻게든 먹고살 수 있겠다는 자신감을 어느 정도 갖게 됐다. 그래서 중퇴를 완전히 결정할 수 있었다. 지금까지 그래왔듯이, 더 중요한 것을 얻기 위해 덜 중요한 것을 포기한 것이다.

만약 누군가가 대학을 가지 않기로 결정한다면, 나는 무조건 찬성이다. 그 사람의 상황이 어떤지 모른다. 하지만 중요한 것은 그 사람이 스스로 그 결정을 했다는 사실이다. 자신의 판단 대로 가야 할 길을 결정하는 것이 각자 할 일이다. 스스로 대학 진학을 하겠다는 사람에게 가지 말라고 말할 필요가 없듯이, 대학을 가지 않겠다는 사람에게 가라고 말할 필요도 없다.

대학을 가지 않기로 결심한 누군가가 있다면, 자신의 결정을 믿고 하고 싶은 대로 나아가라고 말하고 싶다. 인생은 일직선의 경주가 아니다. 대학을 다니지 않은 시간 동안 자신이 하고 싶은 걸 찾게 되어 새로운 길이 열릴 수도 있다. 물론 그 결정이 '나쁜' 결과를 가져올 수도 있다. 하지만 자신의 결정에 따른 결과에 책임 지는 것도 인생의 여정이다. 그 '나쁜' 결과를 해결하기 위해 노력을 쏟다가 '좋은' 결과를 얻을 수도 있다. '인생사 새옹지마'라고 하지 않는가? 다 나쁜 것은 없고, 다 좋은 것도 없다. 그저 사람마다 다른 길과 다른 인생이 있을 뿐이다.

"앞으로 20년 후에는 당신이 했던 일보다
하지 않았던 일 때문에 더 후회할 것이다.
그러니 배를 묶어 둔 밧줄을 풀고
안전한 항구를 떠나라.
무역풍을 타고 항해하라.
탐험하라. 꿈꾸라. 발견하라."

마크 트웨인

PART 2

이상커플의 이상적인 라이프

"이상커플 어때?"
처음에는 입에 잘 붙지 않았지만 곰곰이 생각해보니 마음에 들었다.
이상한 커플, 그러나 이상적인 커플.
이상적인 삶을 향한 마음을 좇아 살다보니 자연스럽게 이상해진 커플.
"그래 좋아! 우리 이상커플로 하자."

그래, 우리는 이상커플이야

우리 결혼하자!

나는 여행하고 싶은 나라가 정말 많았다. 왜 그렇게 외국에 나가고 싶었는지 명확한 이유는 모르겠다. 우리나라에서 오랫동안 살았으니 이젠 다른 나라들도 다녀보고 싶었다. 남자친구와 인터넷 사업을 함께 운영하고 있어서 여행도 같이 다닐 수 있는 상황이었다.

엄마는 남자친구와의 여행을 반대했다. 결국 동생도 함께가는 조건으로 엄마를 설득해서 셋이서 함께 캐나다를 두 달간 다녀왔다. 그 이후 또 다른 나라로도 여행을 가고 싶었지만, 매번 동생을 데리고 다닐 수는 없었다. 왜 25세

나 되어서도 부모님의 허락을 받으며 내 인생의 크고 작은 결정을 해야 하는지 이해가 안 됐다. 내 인생에 대한 결정을 온전히 스스로 하며 살아가고 싶었다. 그래서 남자친구에게 이렇게 말했다. "우리 결혼하자!"

결혼 비용은 단돈 1,000만 원으로

하루는 우리가 결혼과 돈에 대해 이야기를 나눈 적이 있었다. 나는 이렇게 말했다.

"너는 우리 둘이 사는 데 얼마의 돈이 필요하다고 생각해? 나는 300만 원이면 된다고 생각해. 50만 원은 월세로 내고, 50만 원은 여행 비용, 50만 원은 식비, 50만 원은 기타 비용으로 사용하고, 남은 100만 원은 저금하면 되잖아. 우리가 각각 어떤 일을 하든 150만 원을 못 벌까? 난 벌 수 있다고 생각해. 그렇다면 미리부터 괜한 걱정할 필요 없지. 돈이 적으면 적은 대로 아껴 쓰면 되고."

나와 남자친구는 사업을 함께하고 있어서 이미 부모님의 지원 없이 생활을 하고 있었다. 우리가 살 공간만 마련

하면 됐다. 내가 차곡차곡 모은 1,000만 원이 있었고, 남편은 제대한 지 1년 밖에 되지 않은 데다가 캐나다로 장기 여행도 다녀와서 모은 돈이 없었다. 학자금 대출 1,600만 원이 있긴 했지만 그건 나중에 차차 갚으면 되는 거였다. 어쨌든 우리의 수중에는 1,000만 원이 있었다.

25세가 됐을 무렵 내가 1,000만 원이라는 돈을 모을 수 있었던 비결(?)은 목적의식 때문이었다. 내 목적은 자유였다. 나는 자유롭게 살고 싶었기 때문에 온전히 스스로의 삶을 책임지는 성인이 되고 싶었다. 작게는 일상적인 선택의 자유부터 크게는 부모님으로부터 독립을 희망했다. 그러기 위해서는 돈을 많이 모아두는 게 필요했다. 그렇다고 돈을 모으는 데만 혈안이 된 것은 아니었다. 아르바이트와 과외는 꾸준히 하면서 틈틈이 여행과 하고 싶은 일도 했다. 나는 학점을 포기하고 돈과 여행을 택한 쪽이었다.

목적의식이 왜 중요한지는 나의 대학교 1학년 때를 보면 알 수 있다. 그 당시엔 돈을 모아야겠다는 목적이 없을 때였다. 1년 내내 과외와 아르바이트를 했지만 모은 돈은 한 푼도 없었다. 그에 대해 후회하지는 않는다. 그 나이에 돈을 모으는 게 중요한 건 아니니까. 어쨌든 2학년 때부터는 돈을 모으려는 목적을 갖고 매달 20만 원씩 적금을 들기 시작했다. 이율이 3.5%일 때라 이자도 나름 쏠쏠했다. 80만 원을 벌면 20만 원은 저금하고, 몇 달 후에는 그 돈을 모아서 중국 여행을 가는 식이었다.

창업을 결심한 22세에는 돈을 모을 이유가 또 하나 생겼다. 창업에 도전하려면 자본금이 필요했기 때문이다. 과외와 아르바이트를 계속하면서 돈을 모았다. 그때 100만 원을 모아서 쇼핑몰에 투자를 했다. 22세 후반엔 200만 원을 모아서 23세에 중국에 가기 위한 초기 자금으로 사용했다. 중국에 가기 위한 준비 비용, 항공권, 첫 월급을 받기 전까지 초기 생활비 등이 필요했다. 중국에서 강사로 일하는 동안 매달 140만 원의 월급을 받으며 돈을 모았다. 그때는 최대한 많은 돈을 모아서 창업을 다시 시도하기 위해 월세도 저렴한 방을 구했고, 물가가 싼 중국 생활의 이점을 활용해 소비도 줄이고자 노력했다. 엄마와 동생이 중국으로 오면서 흐지부지 되기도 했지만 결국 1년 동안 몇 번 한국에 다녀오고도 500만 원 정도의 돈을 모을 수 있었다.

그 다음 해부터는 전화영어 사업을 하면서 월수입이 평균 200만 원 정도 됐다. 그때부터는 남편과 결혼을 하기 위해서 돈이 필요했다. 부모님 집에서 살기 때문에 매달 100만 원씩은 모을 수 있었다. 캐나다 여행 경비로 450만 원을 사용하기도 했다. 목적을 갖고 돈을 모으면서도 여행에는 아끼지 않았다. 장기 해외여행은 이때가 아니면 하기 힘들 수 있어서 돈보다 중요하다고 생각했기 때문이다. 그렇게 일과 여행도 하며 한 해를 보내고 나니 결혼 전에 딱 1,000만 원이 모였다.

모아둔 1,000만 원 외에 우리 부부에게는 매달 들어오는 수입이 있었다. 이 돈으로 어떻게 결혼을 할까 고민을 했다. 원룸이나 투룸에서 살 생각으로 집을 알아봤다. 원룸이나 투룸에서 시작하는 것은 나에게 전혀 문제가 되지는 않았지만, 보증금과 가구 비용까지 생각하면 1,000만 원이라는 돈이 조금 부족할 수는 있었다. 그리고 작은 원룸에서 월세로 시작하는 것에 대해 가족들과 주변 사람들에게 설명하고 설득하는 일도 귀찮았다.

다른 나라에서 살아보면 어떨까?

나는 영어권 국가에서 장기간 살아보고 싶다는 열망을 갖고 있었다. 만약 우리가 결혼을 하고 바로 호주에 간다면 매달 월세를 내며 쉐어하우스에서 살아가면 됐다. 또한 외국에 나가서 살게 되면 월세 말고 다른 방법이 없으니, 복잡하고 고리타분한 생각에서 벗어날 수 있었다. 사업을 하면서 외국생활도 하고 그 사이에 돈도 조금 더 모을 수 있으니 일석이조라고 생각했다.

"어머님, 아버님. 저희는 혼인신고를 하고 발리와 호주에서 반년간 지내다 오려고 합니다. 저희 둘 다 영어를 좋아해서 영어권 국가에서 오래 생활해보고 싶어요. 여행도 하고 싶고요. 해외에서도 온라인으로 사업을 운영할 수 있기 때문에 지금 가는 게 좋은 기회인 것 같습니다. 둘이 합쳐 한 달에 400만 원 정도 벌고 있고요. 돈에 대해서는 전혀 걱정 안 하셔도 됩니다. 저희가 다 알아서 하겠습니다. 결혼식은 다녀와서 하겠습니다."

남편이 우리 엄마한테 한 말이 아니고, 내가 시부모님께 한 말이다. 시부모님도 보수적인 분들이어서 처음에는 일찍 결혼하는 것에 대해 의아하게 생각하고 반대하셨다. 대학교도 졸업하지 않고, 직장도 구하지 않은 채 사업한다고 하니 걱정이 앞섰던 것이다. 하지만 나의 길고 긴 프레젠테이션을 듣고 나서 아버님은 말씀하셨다.

"그렇게 말하니까 내가 할 말이 없네. 허허."

내가 좀 더 중요하게 여기는 것

우린 2016년 1월에 혼인신고를 했다. 현재는 결혼한 지 4년이 됐다. 하지만 우리는 결국 결혼식을 하지 않았다. 사실 나와 남편에게 결혼식은 별로 의미가 없었다. 둘 다 결혼식에 대한 로망이 별로 없을 뿐더러 이벤트나 선물 같은 걸 챙기는 성향도 아니다. 남들에게 보여주는 것에도 관심이 없었고, 친한 사람들에게 알리고 같이 밥 먹으면 된다고 생각했다. 그렇다고 결혼식 자체의 의미를 부정하는 것은 아니다. 그러나 개인적으로는 결혼식을 하지 않은 것에 대한 후회는 없다.

내가 튀고 싶어서 독특한 결정을 해온 것은 아닌데, 그렇게 보일 때가 있는 듯했다. 내 기준에서는 그저 상식적으로 생각하고 결정했던 것이다. 시간과 돈이란 자원은 한정돼 있기 때문에 내가 가진 자원을 필요한 곳에 사용했을 뿐이다. 다른 사람들을 신경쓰거나 '원래 그렇다'는 이유로 돈과 시간을 허투루 쓰지 않았다. 남들이 중요하다는 것보다는 내가 좀 더 중요하다고 생각하는 일에 사용했다. 결혼식보다는 여행 경비로 사용했고, 허례허식보다는 보증금 마련을 우선시했다. 결혼반지도 맞추지 않았다. 우리에게는 결혼반지가 그리 중요한 물건이 아니었기 때문이다. 대학생 때 맞춘 커플링이 있었기 때문에 굳이 새로 바꿀 이유를 찾지 못했다. 이 반지면 충분했고, 오래된 반지라서 더 큰 의미가 있다고 느꼈다. 물건을 잘 잃어버리는 편이라 비싼 결혼 반지를 끼고 다닐 생각은 없었다.

반지 대신 우리는 편지를 주고받았다. 2016년 1월 5일, 서로 편지를 주고받고 혼인신고를 하러 구청에 갔다. 설레고 엄숙한 마음으로 신고하려고 했는데 우리의 예상과는 달리 혼인신고는 그저 행정절차일 뿐이었다. 무표정한 직원분이 신고절차를 도와줬다. 이 일은 우리의 첫 결혼 에피소드가 됐다. 그러나 우리의 설렘을 누그러뜨리기엔 부족했다. 그리고 5일 후, 짐을 챙겨 신혼여행지인 발리로 떠났다.

이상한 커플, 그러나 이상적인 커플

어느 순간부터 내가 점점 이상한 사람이 되어가는 것 같았다. 이 사회에서 평범하지 않는 일을 하고 있었다. 대학교를 3년이나 휴학하고 결국 대학교 중퇴 후, 취업을 준비하지 않고 사업을 시작한 사람, 어린 나이에 부모님 지원 없이 결혼한 사람, 일하면서 여행 다니는 사람…. 내 마음이 원하는 일을 하다 보니 이런 남다른 모습을 갖게 된 것이었다. 특별한 색깔이 없던 내가 나만의 독특한 색을 찾아가고 있다는 느낌이 들었다.

당시 운영하던 블로그에 캐나다와 중국 여행기를 공유하곤 했다. 종종 일기를 쓰기도 했고, 공부한 영어 표현을 정리하기도 했다. 그런데 블로그 방문자는 좀처럼 늘지 않고 매일같이 글을 써도 거의 변화가 없었다. 결국 새로운 블로그 개설을 결정하고, 이름도 정해야 했다. 이번에는 우리 부부가 같이 운영하는 블로그를 만들어보자고 했다. 나는 네이밍을 잘하지 못해서 어떤 이름으로 정할지 고민하고 있을 때 남편이 "이상커플 어때?"라고 물었다.

처음에는 입에 잘 붙지 않았지만 곰곰이 생각해보니 마음에 들었다. 이상한 커플, 그러나 이상적인 커플. 이상적인 삶을 향한 마음을 좇아 살다보니 자연스럽게 이상해진 커플, 그리고 앞으로도 원하는 삶을 찾아가는 과정에서 우리가 이상해져야 한다면 언제든 그렇게 되고자 하는 다짐도 들어가 있었다. 사람들이 이상하다고 말해도 괜찮다. 우리가 우리의 이상적인 삶을 찾아가고 있는 거라면 다른 사람들의 시선을 두려워하지 말자! "그래 좋아! 우리 이상커플로 하자." 그렇게 우리는 이상커플이 됐다.

디지털 노마드의 여행법

디지털 노마드, 캐나다로 떠나다

"캐나다에서 두 달간 머물려고 합니다. 혹시 홈스테이가 가능한 곳을 알면 소개 부탁드려요. 홈스테이 비용은 서로 협의하면 되고요. 저와 남자친구와 동생, 이렇게 세 명이 머물 예정이라 방 두 개면 좋을 것 같습니다. 감사합니다."

결혼 전, 두 달간 캐나다 여행을 계획하기 시작하면서, 함께 일하고 있는 캐나다 선생님들에게 홈스테이를 할 만한 곳이 있는지 물었다. 다른 방법으로 숙소나 호텔을 찾을 수도 있었겠지만, 가능하면 현지의 사람들과 교류하고 싶었다. 지금까지도 우리 부부에게 큰 영향을 주고 있는 60대부부 린과 폴 가족을 건너건너 소개받았다.

— 안녕, 아비가일! 우리는 방이 네 개 있는 집에서 살고 있어. 우리 부부의 세 자녀는 지금 성인이라 각자의 집에서 살고 있기 때문에 방이 많이 남아. 우리는 지난 몇 년 동안 다양한 나라에서 온 사람들과 홈스테이를 했단다. 아마 대략 14개의 나라였을 거야. 그 경험은 항상 멋졌고 우리는 다양한 사람들로부터 많은 것을 배웠어.

우리는 린으로부터 이렇게 시작하는 긴 내용의 메일을 받았다. 열 문단이 넘는 긴 내용의 메일이었다. 린은 자신의 가족과 손자 손녀들의 이름을 하나하나 언급하면서 소개를 해줬고, 우리가 머물게 될 집과 함께 살고 있는 다른 한국인에 대해서도 자세히 설명을 덧붙였다.

두 달간 여행 중, 우리는 한 달 반 동안 캐나다 온타리오에 있는 런던이라는 소도시에 있는 린의 집에서 머물렀고 나머지 2주는 토론토와 뉴욕을 여행했다. 우리의 목적이 단순한 여행이었다면 캐나다의 작은 도시인 런던을 택하지 않았을 것이다. (영국이 아닌 캐나다에도 런던이라는 도시가 있다.)

런던은 조용하고 인구밀도도 낮으며 토론토에 비해 놀 만한 곳이 없다. 하지만 우리는 캐나다에서 살아보는 경험을 해보고 싶었기 때문에 이곳을 택했다. 오래 전부터 꿈꿨던 영어권에서 어학연수를 경험해보기 위해 런던에 있는 작은 어학원 수업도 신청했다. 오후 2시~5시까지 3시간 동안 영어를 배울 수 있는 한 달간의 과정이었다.

여행하며 일할 수 있을까?

캐나다 여행은 우리가 처음으로 외국에서 일을 하며 여행하는, 일명 '디지털 노마드'의 생활을 실험해본 시간이기도 했다. 온라인 상에서 이뤄지는 일이라 충분히 가능할 듯했다. 다만 캐나다의 경우 시차가 13시간이라 고객 상담시간을 변경해야 했다. 우리는 아침과 저녁으로 상담시간을 조정했는데, 고객분들 중에는 근무하는 낮 시간에 상담하기 어려운 분들도 있기 때문에 저녁 상담도 나름의 장점이 있었다.

우리는 캐나다에서 이른 아침과 늦은 저녁에 일을 했고

나머지 시간에는 이곳 생활을 즐겼다. 이때는 전화영어를 시작한 지 1년쯤 되었을 때라 사업의 규모가 크지 않았고, 우리 둘의 수입을 합쳐도 월수입 200만 원을 겨우 웃도는 수준이었다. 하지만 고객이 적은 만큼 일하는 시간도 길지 않았기 때문에 캐나다에서 여행하기엔 최적의 때였다.

'이때가 아니면 언제 해볼 수 있을지 몰라!' 이런 생각이 드는 순간 나의 결단력은 강해진다. 아는 분 중에 존경하는 70대 어른이 있는데 젊을 때부터 지금까지도 여행을 많이 다니신다. 그분이 항상 하는 말이 있다. "다리 떨릴 때 여행하지 말고 가슴 떨릴 때 여행하라"는 말이다. 아직 준비가 되지 않았다는 이유로 여행을 자꾸 미루다보면 다리 힘이 빠지고 체력이 약해졌을 때야 가게 된다는 뜻이다. 어떤 현실적인 걱정보다도 한 번 뿐일지도 모르는 기회를 중요하게 생각한다. 우리 부부가 여러 나라에 여행을 다닌 이유도 모든 것이 준비돼서가 아니라 여행할 수 있는 시간과 건강이 보장됐기 때문이다. 지금은 사업을 하고 있지만 나중에 어떤 상황이 될지 모르고, 우리가 언젠가 취업할지도 모르는 일 아닌가? 그렇게 되면 두 달간 장기 여행은 하기 어려울 것이다. 그래서 우리는 아직 사업의 규모가 작고 안정되지 않은 상태였지만 캐나다 여행을 떠났다.

돈이 많아야만 여행을 할 수 있는 것은 아니다. 돈이 없으면 아끼면서 다니면 된다. 우리는 두 달간의 여정을 1인당 450만 원이라는 돈으로 해결했다. 150만 원의 항공권과 50만 원의 어학원 비용도 포함된 가격이라 정말 저렴하게 다녀온 것 같다. 그럴 수 있었던 가장 큰 이유는 우리가 돈을 열심히 아껴 쓴 것도 있지만, 린과 폴 덕분이었다고 생각한다. 그들은 나눔과 봉사가 생활화된 가족으로, 홈스테이를 통해 많은 돈을 벌려는 생각이 없었다. 지금 생각해보면 1인당 70만 원이 안 되는 저렴한 비용에 한 달 반을 지내게 해줬다. 심지어 식비까지 포함된 가격이었다.

이 모든 것을 생각보다 적은 돈으로 경험했다는 것도 감사하지만, 돈으로는 절대 바꿀 수 없는 일을 겪기도 했다. 생전 처음으로 앞마당과 뒷마당이 있는 2층집에서 생활을 해봤는데, 낮에는 야생토끼가 뛰어다니는 것을 봤고 밤이면 난생처음 반딧불이도 봤다. 그 집 현관에 있는 의자에 앉아 있으면 평온해지고 아름다워서 행복감이 밀려왔다. 뒷마당에서 모닥불을 피워 마시멜로도 구워먹었고, 차를 타고 깊은 시골로 들어가 별똥별도 보았다. 우리에게 멋진 모습을 보여주고자 신경써준 캐나다 가족들 덕분이었다.

꿈만 같은 삶이 캐나다에 있었다

모든 캐나다 가족이 그런 것은 아니지만, 린의 가족은 내가 꿈꾸던 삶을 살고 있었다. 나는 그들과 저녁 식사를 하며 내 이야기를 들려줬다. 한국의 여러 제도와 상황들에 의문이 들기 시작했다는 이야기와 그런 삶을 바꿔보기로 한 결심을 나눴다. 저녁 9시가 넘어서야 퇴근하니 아이들과 충분히 시간을 보내지 못하는 아빠, 커리어를 완전히 포기하고 육아에만 집중해야 하는 엄마, 학원에서 대부분 시간을 보내는 어린아이, 꿈보다는 돈이 대화의 주요 소재가 되고, 결혼할 때면 배우자의 스펙에 대해 물어보는 것…. 이 모든 것들에 나는 정상이 아니라는 판단을 내리고 한국 사회에 대한 환멸마저 느끼고 있었다. 그리고 내 기준에서 내 삶을 '정상'으로 돌려놓기 위해 새로운 시도를 하고, 기존의 틀에서 벗어나 여행을 떠난 것이었다.

그런데 이곳 캐나다, 최소한 이 가정에서는 내가 주장하는 것들이 너무 당연해서 굳이 언급할 필요조차 없다는 것을 깨달았다. 오후 5시에 퇴근해서 아이들과 매일 저녁을 먹고, 아이들이 공부만 하지 않고 매일 뛰어노는 것이 당연했다. 그래서 굳이 "우리 일을 좀 적게 하자고요!", "우리 가족들과 좀 더 시간을 보내자고요!", "우리 이렇게 공부에 미치지 말자고요!"라는 말을 할 필요가 없는 곳이었다.

내가 생각하던 이상적인 삶이 이곳에는 존재할 수 있다는 것을 깨닫고, 나는 더 큰 용기를 얻었다. 물론 캐나다는 전 세계에서도 손꼽히는 선진국이며 많은 사람이 이민을 꿈꾸는 나라이기도 하다. 하지만 나는 포기할 부분을 내려놓는다면 내가 중요하게 여기는 것들을 지키며 살 수 있을 거라는 생각을 다시 한 번 하게 됐다. 내가 원하는 삶이 현실에서는 일어날 수 없는 꿈만 같은 일이 아니고, 이 세상에는 이미 그렇게 살아가는 사람들이 있으니까.

"거긴 캐나다고, 여긴 한국이잖아." 누군가는 한국이라서 어쩔 수 없다고 했다. 나는 그렇게 생각하지 않기로 했다. 나는 한국인이기 이전에 사람으로 태어났으니, 사람으로 살아가기로 했다. 스스로 미쳤다고 생각하는 하루하루를 살지는 않을 것이다. 내 삶을 여유롭게 만들고, 그 다음에는 우리 사회 분위기도 일과 삶의 균형을 추구하는 쪽으로 바뀌었으면 하는 소망을 품게 됐다.

내 삶에서 절대 타협할 수 없는 부분이 있다. 그것은 바로 내가 원치 않고 만족하지 않는 시간을 오랜 기간 보내는 것이다. 내가 어떤 나라에서 살든지 상관없이, 부정적인 감정으로 하루하루 채우며 보내지는 않을 것이다. 내가 원하는 하루를 살겠다는 마음은 양보할 수 없기 때문이다.

삶의 속도를 늦추는 곳

불편함이 당연해지는 곳

공항에서 나오자마자, 후끈한 공기가 느껴졌다. 발리 숙소의 호스트가 우리를 기다리고 있었다. 막 결혼한 신혼부부의 설레는 마음에 여행자의 설레는 마음까지 더해져 한껏 신이 났다. 당장 여행을 시작하고 싶었지만 숙소에 도착했을 때는 이미 늦은 시간이었다. 설레는 마음을 잠시 누르고 잠을 청했다.

"툭툭툭… 타닥타닥…" 천장에서 이상한 소리가 들리기 시작했다. 쥐가 뛰어다니는 소리라는 걸 알고는 잠시 소름이 돋았다. 하지만 막 발리에 도착한 신혼부부의 눈에는 모든 게 핑크빛이었다.

"워낙 저렴한 숙소이기도 하고… 자연으로 둘러싸인 곳이니까 그럴 수 있지… 어차피 며칠 후면 다른 숙소로 가니까."

쥐소리가 종종 난다는 사실 말고도 여러모로 불편한 것도 있었다. 물을 마시기도 힘들었고, 숙소의 위생이 그리 좋지 않아서 그릇이나 컵을 사용할 때도 약간은 꺼림칙했다. 사실 숙소의 문제는 아니었다. 우리가 이미 편리하고 쾌적한 환경에 익숙해진 탓이었다. 숙소의 호스트는 친절했다. 개인이 운영하는 곳이라 호스트도 우리와 똑같은 환경에서 지냈다. 식당에서 그릇 위에 개미가 기어다녀도 놀랄 일이 없는 곳이었다.

우리는 숙소를 정할 때, 가능한 저렴한 곳을 선택한다. 또한 일과 여행을 병행하기 때문에 주로 호텔이 아닌 에어비앤비 숙소에 머문다. 에어비앤비 숙소를 정할 때면 꼭 확인하는 것이 인터넷 환경과 책상이다. 한국만큼 빠른 인터넷 환경은 거의 없지만, 숙소 호스트에게 인터넷 상황을 꼭 물어보고 와이파이 연결에 문제가 없는지 후기에서도 확인한다. 책상이나 식탁이 필요하고, 우리 부부는 함께 일하기 때문에 두 개의 의자가 필수다. 의자가 하나 밖에 없는 곳도 많은데 그럴 때는 호스트에게 의자를 추가할 수 있는지 물어보는 것도 방법이다.

공용오피스가 근처에 있다면 그곳에서 일을 하기도 하지만 출퇴근이 귀찮고 추가적인 비용이 들어서 주로 이용하진 않는다. 빠른 인터넷 연결이 꼭 필요할 때나 팩스나 프린터기를 이용할 경우에 가끔 공용오피스를 이용한다. 호텔과 달리 에어비앤비는 취사가 가능하기 때문에 가끔 아침이나 점심을 간단히 해먹으면 식비도 아낄 수 있다. 장기로 예약할 때는 할인율이 큰 에어비앤비 숙소를 선택하는 것이 유리하다.

즐겁게 살면 돼요

동남아에서 여행할 때는 평일 아침 7시부터 오후 3시까지 일을 한다. 동남아 국가들은 한국과 시차가 크지 않아서 일하고 여행 다니기엔 최적화된 곳이다. 오후 3시에 일이 끝나는 기분이라니! 특히 발리에 있을 때는 할 일이 그리 많지 않아서 일이 일찍 끝나거나 시간 여유가 있을 때마다 숙소 주변을 돌아다녔다. 골목 안의 식당들을 둘러보고, 현지인들과 인사와 대화를 나누기도 했다. 발리 사람들은 대부분 외국 여행자들에게 친절해서 환영받는 기분이 들었다. 숙소에서 10분 거리인 레기안 해변을 거닐기도 하고, 해변의 파라솔 밑에서 신선놀음을 하기도 했다.

"이것 좀 사세요. 이것 좀 사세요."

해변에서 바다를 보고 있을 때 한 할머니가 물건을 팔러 우리에게 왔다. 무슨 물건이었는지 기억이 잘 나지 않지만 별로 사고 싶지 않았다. 여느 관광지처럼 끈질기게 호객 행위를 하지 않을까 싶었는데, 우리가 사지 않겠다는 표시를 하자 할머니가 영어로 이렇게 말했다.

"안 사도 괜찮아요. 즐겁게 살면 돼요. 그게 가장 중요하죠."

실제로 할머니 표정은 밝았고 여유로워 보였다. 할머니는 팔지 못했다고 심각한 표정을 짓거나 짜증을 부리지 않았다. 단지 물건 파는 것이 목적이 아니라 관광객들과 대화를 나누며 보내는 시간을 즐겼던 것이다. 우리가 일을 하는 시간도 그럴 수 있다면 좋겠다는 생각이 들었다. 일을 끝내고 여행을 다니는 것뿐 아니라 일을 하는 시간도 즐겁고 행복한 삶을 위한 것이 되길 바란다. 말처럼 쉽지는 않지만, 일이 잘되지 않는다고 불평하거나 예민해지지 않으려고 노력한다.

일과 여행을 병행하는 것이 불편한 점도 있다. 주말 빼고는 완전히 일을 쉬지 못하는 것이 가장 큰 아쉬움이다. 발리에서 여행을 할 때는 나와 남편 둘이서만 사업을 운영하고 있었기 때문에 휴가를 같이 사용할 수도 없었다. 또한 비행기로 이동하거나 차를 타고 멀리 나가는 여행은 주말에 맞춰야 했다. 하지만 우리는 하루 종일 여러 곳을 다니는 것보다 느긋한 여행을 선호하기 때문에 크게 불편하지는 않았다. 일을 끝낸 후 매일 바쁘게 여행을 다니는 것보다 숙소 안에서 몇 시간 동안 TV를 보고 낮잠을 자는 날도 많았다. 일하거나 여행하는 시간 이외에 쉬는 시간도 필요하다는 것을 온몸으로 느낄 수 있는 시간이었다.

나에게 있어 여행을 특별하게 만들어주는 것은 크게 두 가지인데, 첫 번째는 여행지에서 만나는 사람들과 그들과 나누는 대화다. 관광지는 항상 그곳에 있으니 언제든 가서 볼 수 있다. 하지만 사람은 오고간다. 여행지에서 현지인들을 만나 이야기하고, 여러 나라에서 온 관광객들과 대화하는 것을 좋아한다. 발리에서 만난 많은 사람들 중 가장 특별한 기억으로 남은 인연은 롭과 클로이 언니였다.

인터넷 검색으로 롭투어라는 곳을 찾아 롭이라는 인도네시아 사람에게 서핑 강습을 받았다. 그의 아내 클로이는 한국인이었다. 서핑 강습 덕분에 친해져서 몇 번 더 만나 즐거운 시간을 보내기도 했다. 한끼에 3,000원인 현지 나시짬뿌르(밥과 사이드 디쉬를 한 접시에 담아 먹는 인도네시아 전통 요리) 맛집에 데려다주기도 했고, 논뷰가 멋진 카페에서 여유로운 시간을 보내기도 했다. 이야기를 나누다보니 통하는 것이 많아서 더 기분 좋은 만남이었다.

클로이 언니는 한국에서 10년 가까이 다니던 직장을 그만두고 서핑을 배우러 발리 한 달 살기 여행을 왔다고 한다. 그녀는 결혼을 포기하니 직장도 포기하는 게 쉬웠다고 말했다. 발리에 살면서 그 매력에 푹 빠지게 됐다. 결국 서핑 강사인 롭과 결혼하여 지금은 바다 근처에서 두 아들과 남편과 함께 살고 있다. 발리를 사랑하는 클로이 언니는 이렇게 말했다.

"발리에 살면서 좋은 점이 사실 너무 많아요. 일단 스트레스 받을 일이 없어요. 남편하고 싸울 때만 빼고요. 발리는 자연환경이 뛰어나요. 특히 3세 된 아들을 키우기에는 더할 나위 없는 곳이에요. 푸른 하늘과 에메랄드빛 바다를 아들에게 보여줄 수 있어요. 천혜의 자연환경을 아들에게 매일같이 선물할 수 있다는 건 참 행복한 일이에요. 여기 사람들은 행복지수가 높아요. 행복지수가 높다는 건 자기 삶에 만족한다는 것이고, 그것은 남들과 비교하지 않는 삶이라는 걸 이제는 알았어요. 어쩔 수 없이 대세를 따라야 한다는 거, 어쩔 수 없이 비교대상이 되고 비교할 수밖에 없는 삶을 살아야 한다는 것이 한국에서는 스트레스의 일부분을 차지했던 거 같아요. 정말 여기는 흔히 말하는 명품 가방이나 구두도 필요 없어요. 설사 있다고 해도, 신고 갈 곳이 없거든요."

이렇게 여행을 통해 사람들과 대화를 나누면서 많은 생각을 하게 된다. 그리고 두 번째로 중요한 건 현지 음식이다. 오래 머물면 좋은 점은 매일 최소 두 끼씩, 다양한 음식을 먹을 수 있다는 것! 우리 부부는 외국 음식을 좋아하고 특히 현지에서 제대로 된 음식을 맛보는 걸 즐긴다. 아, 발리 해변에서 먹었던 한화 1,500원짜리 '아얌바까르'(닭바비큐)가 생각난다.

공간이 사람들에게 미치는 영향은 굉장히 크다고 한다. 분명 발리는 우리에게 큰 영향을 끼쳤다. 우리를 느긋하고 여유롭게 만들었다. 무더운 날씨 때문에 얇고 가벼운 옷을 입어야 해서 멋을 내기도 어렵다. 때론 땀범벅이 된 자연인이 된 것 같은 느낌을 받는다. 감수해야 하는 불편함도 있었다. 밤늦게 걸어다닐 때면 무섭기도 했고, 길에서 뱀을 보고 기겁한 적도 있었다. 쾌적한 환경이 그리워질 때도 있다. 하지만 분명 발리에서는 느린 삶이 가능하다. '이런 곳에서 급하게 살아가는 사람이 존재할 수나 있을까?' 생각해보면 그러기 힘들 것 같다. 주변을 둘러보면 누구도 빨리 걷지 않는다. 정장을 입고 빠른 걸음으로 걷는 회사원의 모습은 발리와 좀처럼 어울리지 않는다.

마지막으로 일주일 동안 수영장이 있는 숙소에서 머물렀다. 수영장 이용 인원이 적어서 매일같이 수영을 여유롭게 했다. 따뜻한 날씨에 일하다 잠시 숨 돌리며 야외에서 수영할 수 있는 이 기쁨은 분명 한국에서는 누리기 어렵다. 어떤 나라에서 생활을 하든 그 나라의 장점이 있다. 그 나라에 머무는 동안에는 그 장점을 누리는 것이 한 달 살기 여행의 매력이 아닐까 싶다. 다시 꼭 오기로 약속했던 발리, 어서 또 가고 싶은 곳이다.

허니문 프로젝트, 워킹홀리데이

허니문의 완성은 워홀이라 했던가

나는 전부터 영어권 국가에서 살아보고 싶은 꿈이 있었다. 외국에서 공부도 하고 싶었지만, 비싼 비용 때문에 시도해 보기 어려웠다. 그런데 워킹홀리데이를 이용하면 장기간 머물 수 있다는 정보를 얻었다. 영어권 국가는 물가가 비싸서 비용이 많이 든다. 사업을 운영하니 매달 수입이 있었지만 혹시 수입이 줄어든다고 해도 워킹홀리데이 비자를 이용해 아르바이트를 할 수 있다는 이점도 있었다.

워킹홀리데이를 갈 수 있는 다른 영어권 나라들 중 호주를 선택한 이유는 두 가지다. 첫째, 시차가 한 시간밖에 나지 않아서 전화영어 사업을 운영하는 데 무리가 없다는 것이었다. 둘째, 워킹홀리데이 비자를 받는 것이 가장 수월하고 많은 사람이 간다는 이유였다. 딱 그 두 가지 이유였고 호주라는 나라에 대해서는 사실 아는 것이 별로 없었다. 하지만 한 번 가보고 싶었고 갈 수 있으니까, 가서 살아보기로 했다.

캐나다에서 두 달의 시간을 이미 보냈던 터라 호주에서의 생활이 새롭진 않았지만 흥미로웠던 건 잔디밭에 벌러덩 누워 있거나 야외 바비큐를 즐기는 사람들, 아름다운 자연 속에서 자전거를 타거나 조깅하며 여유로움을 찾는 사람들이었다.

호주에는 공원이 많고, 공원에 공용 야외 바비큐가 있어서 누구나 이용할 수 있었다. 또한 우리가 지냈던 멜버른에는 독특하고 아름다운 건축물이 많아서 그냥 걸어만 다녀도 눈이 즐거웠다. 멜버른이 몇 년간 세계에서 가장 살기 좋은 도시 1위에 꼽힌 적도 있는데, 분명 그럴 만한 곳이었다.

집밥 고수의 탄생

우리는 여행만 하러 온 것이 아니었다. 잠시 놀러온 사람이라면 모르겠지만, 우리는 외국인으로서 이곳에서 생활해야 했다. 우리에게 가장 큰 문제는 비싼 물가였다. 교통비와 외식비 모두 비쌌다. 무엇보다 가장 부담스러운 것은 월세였다. 우리는 차를 빌릴 용기가 나지 않아 교통이 편리한 도심에 위치한 집을 선택했다. 일이 끝난 후 저녁에 주변을 돌아다니려면 너무 구석진 곳은 불편할 거라 생각했다. 덕분에 월세가 120만 원이나 됐다. 그것도 우리 부부만 쓰는 것이 아니라 다른 부부와 공동으로 사용하는 아주 작은 아파트였다.

숨만 쉬어도 매달 120만 원이 지출되니 우리는 주로 집에서 음식을 해먹었다. 결혼 전에 집안일이라곤 제대로 해본 적이 없어서 모든 것이 서툴렀다. 하루에 두끼 밥을 해먹다 보면 하루가 다 갔다. 밥 먹고 치우는 게 얼마나 많은 시간이 소요되는지! 우리가 살던 집의 가장 좋은 점은 빅토리아 마켓이 10분 거리에 위치해 있다는 점이다. 빅토리아 마켓은 관광객들이 멜버른에 오면 들르는 관광지이기도 하다. 우리는 매일 그곳에 가서 장을 보고 신선한 고기와 야채를 샀다. 우리나라에 없는 식재료들을 구경하고 먹어보는 것이 재미있었다. 매일 식재료를 사러 시장에 가고, 요리하는 것은 굉장히 평범한 일상이었지만 외국이었기 때문에 모든 게 새롭고 재미있었다.

시간 여유가 있을 때나 주말엔 호주에서만 할 수 있는 일들을 시도해보곤 했다. 그레이트 오션 로드처럼 유명한 관광지에 놀러가기도 하고, 아름다운 자연을 배경으로 웨딩사진을 찍기도 했다. 또한 호주 사람에게 1:2 오프라인 영어과외를 한 달 동안 받아보기도 했다. 사실 더 해보고 싶은 일들은 많았지만 조금씩만 시도해봤다. 반년 가까이 머물다보니 우리에겐 여행이 아니라 일상이 된 것이다. 돌아다니지 않고 집에서 쉴 때도 많았다. 그런데 그것도 괜찮았다. 진짜 이곳에 사는 사람이 된 것 같았다.

인생의 소중한 경험, 워홀

“호주 워킹홀리데이 가고 싶은데 괜찮을까요?”

많은 사람들이 종종 물어보곤 한다. 우리 부부는 워킹홀리데이 비자만 받았고 남편이 한 달간 경험삼아 일해본 것 외에는 호주에서 일을 하며 지내지는 않았다. 그래서 쉽게 말할 수는 없지만, 나는 언제나 "해보고 싶다면 시도해보는 게 정말 좋을 것 같아요!"라고 말해왔다. 나는 항상 워킹홀리데이 비자로 호주에 오는 사람들을 대단하게 생각했다. 타지에 와서 일을 하는 것이 쉽지 않은데, 적극적인 모습이 멋지다고 생각했다. 워킹홀리데이를 통해 즐겁기만 한 것이 아니라 인생에서 소중한 경험을 쌓을 수 있기 때문에 추천하는 것이다. 또한 비용 때문에 유학을 가기 어렵다면 영어권 국가에서 오랫동안 살아볼 수 있는 거의 유일한 방법이 워킹홀리데이다.

"왜 워킹홀리데이를 가려고 해? 워킹홀리데이 가서 실패하는 사람들 많아."

워킹홀리데이에 대해서 실패와 성공이라는 단어를 언급하는 사람들이 많다.

나는 좀처럼 이해되지 않았다. 1년 동안 해외에서 일하는 경험을 해보는 건 분명 그 자체로 특별하다. 해외 취업을 하지 않는 한 쉽게 경험하지 못하는 일이기 때문이다.

나는 그런 면에서 워킹홀리데이를 높이 평가한다. 만약 그 경험을 내가 한 번 해보고 싶다면 떠나야 할 이유는 충분하다. 워킹홀리데이를 통해 돈을 모으거나 외국어 실력 향상, 여행하기 등 목표를 스스로 세울 수 있다.

우리의 목표가 언제나 그렇듯 이뤄질 수도 있고, 아닐 수도 있다. 하지만 여전히 1년간 해외에서의 경험은 큰 의미가 있다고 생각한다. 영어로 의사소통을 하고, 사람들을 만나게 되며 새로운 상황에서 일을 하게 될 것이다. 그 경험 자체를 실패와 성공으로 나눌 수는 없다.

어디에 살든 인간관계란 쉽지 않다

우리 부부 역시 반년의 시간 동안 즐거운 일만 있었던 것은 아니다. 우리가 호주 생활을 시작하기 전에는 미처 예상하지 못했던 점이 있었다. 바로 타지에서의 외로움이었다. 처음으로 장기간 생활하게 된 호주였는데, 이곳에는 아는 사람이 한 명도 없었다. 캐나다에 있었을 때는 아는 사람이 많았고 오랜 친구도 있어서 외로움을 느끼지 못했는데 이

곳은 달랐다. 게다가 우리는 호주에서 일을 하거나 학교를 다니는 것도 아니었기 때문에 다른 경로로 사람들을 사귀어야 했다.

나는 "편리한 생활로 모든 것이 채워지지는 않는구나"라는 중요한 사실을 깨달았다. 사람에게는 사람이 필요하다는 것이다. 아무리 안락한 집에서 편하고 쾌적한 생활을 해도 깊은 관계를 맺은 사람들과 함께하는 시간이 없다면 그 생활이 완전할 수는 없었다. 물론 우리는 신혼부부였기에 둘만으로도 즐거웠지만, 그래도 반년이란 긴 시간 동안 둘이서만 있을 수는 없었다. 또한 타지라는 사실만으로도 이곳에 속하지 못하는 외부인이라는 느낌을 받을 때가 있었다. 다행히도 우리는 교회에 나가서 새로운 사람을 사귀었고, 감사하게도 무조건적인 관심과 애정을 받았다. 우연히 길에서 만난 대학교 동창과 만남을 이어나가기도 했다.

그러나 어쩌면 외로움이라는 것은 주는 법을 몰라서 생기는 것일 수도 있다는 생각이 든다. 나는 상대에게 먼저 베풀며 다가서는 법을 잘 몰랐다. 상대가 먼저 다가와주고 내게 잘 해주기를 바랐던 것인지도 모른다. 내가 상대에게 준 만큼 돌려받지 못한다고 해도 나누고 베푸는 삶 자체가 기쁨이라는 것을 알았더라면 외롭지 않았을 것이다. 이 깨달음을 얻은 이후, 나는 나의 행복에만 집중하는 자기중심적인 시선에서 조금씩 벗어나 주변을 둘러보게 됐다.

사람들과의 교류를 원했던 우리 부부는 아이러니하게도 호주에서 만난 사람과 갈등을 빚기도 했다. 호주의 비싼 주거비 때문에 일면식도 없는 사람들과 좁은 집에서 함께 살아야 했는데 그들과 생활방식부터 가치관까지 다른 점이 너무 많았다. 가족끼리 살면서도 갈등이 많은데 처음 보는 사람들과의 한집 살이가 쉽기만 할 수는 없다. 우리 부부는 그다지 깔끔하진 않아도 최선을 다해 청소했다고 생각했는데 그들은 우리가 깔끔하지 않다고 여기며 불만스러워했다. 그러나 그런 표면적인 문제가 생긴 것은 나중이었다. 살아가면서 서로를 좋아하지 않을 이유들이 점점 쌓이고 있었던 것 같다. 대화를 하다 보면 몇 가지 주제에서 좁혀지지 않는 의견이 있었다. 나는 그들의 이야기에서 답답함이나 불쾌감을 느꼈고, 다른 의견을 주장하기도 했다. 남편은 워낙 잘 맞추는 성격이라 부딪히지 않았는데 나는 하고 싶은 말을 해버리곤 해서 그들 역시 불편했을 것이다. 우리는 한집에 살았지만 우리가 처한 상황은 여러 부분에서 달랐기 때문에 서로를 이해하지 못했을 수도 있다. 지금의 넓은 마음으로 과거로 돌아간다면 좀 더 유연하게 행동하고 그들을 이해하면서 잘 지낼 수 있지 않았을까 싶기도 하다. 그러나 그때의 나는 이해심이 부족했다. 무조건 상대방의 잘못이라 생각해서 화를 내곤 했는데, 돌이켜 생각해보면 내 탓도 많았다. 다른 사람의 이야기인지라 자세히 말할 수는 없지만 한집에서 모르는 사람들과 몇 개월 동안 사는 것도, 그리고 서로 갈등을 빚은 것도 새로운 경험이었다. 그때는 큰 스트레스가 되기는 했지만 동시에 큰 배움도 얻을 수 있었다. 사람이란 참 특이한 동물이다. 사람을 그리워하고, 사람 때문에 힘들어 한다. 그런데 이런 외로움과 갈등의 경험이 우리 부부를 한층 끈끈하게 해줬다. 힘든 일을 겪을 때 남편과 투닥투닥 싸우기도 했지만, 결국 우리 부부는 대화하는 법을 배워나가며 서로를 의지하게 됐다.

호주 생활에도 명확한 장단점이 있었다. 장점은 앞서 말했듯 아름다운 자연과 쾌적한 생활환경 그 자체였고, 우리는 지내는 동안 그런 점을 마음껏 누렸다. 반면 가장 큰 단점은 물가 때문에 우리 부부 둘만의 공간을 갖기 어렵다는 것이었다. 둘이서만 살 수 있는 집을 구하려면 한 달에 200만 원이 넘는 월세를 내야할 테니 말이다. 이제 둘만의 공간을 가져보고 싶었다. 우리는 여섯 달간의 신혼여행을 마치고 한국으로 돌아왔다.

구해줘!
이상커플의 홈즈

웰컴 투 부동산 월드

결혼하기 전에 내 취미 중 하나는 어플 '직방'에서 원룸이나 투룸을 구경하는 것이었다. 나는 결혼을 일찍 하고 싶었기에 풍족하게 시작할 수 없다는 걸 알았고, 양가 부모님에게 지원받고 싶지 않았기 때문에 결혼을 하면 원룸이나 투룸에서 살게 될 거라고 생각했다. 그래서 미래를 상상하며 재미삼아 아이쇼핑을 하곤 했다.

여섯 달간 신혼여행을 다니면서 집을 구할 돈도 모으는 것이 우리의 목표였다. 여행을 하면서 돈을 모을 수 있다는 것이 신기한 일이지만, 우리는 매달 일을 하면서 다니기 때문에 우리가 버는 수입보다 적게 쓰면 돈을 모을 수 있었다. 다만 사업을 운영하기 때문에 당장 다음 달 수입과 앞으로 돈을 얼마나 모을지 예상하기 어려웠다.

다행히 여행 중에도 우리 사업은 꾸준히 성장하고 있었다. 고객들이 많이 유입되기 시작하자 수입도 점점 늘어났다. 여행을 하면서도 비용 절감을 위해 노력했기 때문에 우리는 생각보다 많은 돈을 모을 수 있었다. 여행을 마무리할 시점에 수입이 더 늘어났다. 여행을 다녀온 후 처음 1,000만 원이었던 돈이 3,000만 원 가까이 모여 있었다.

'○○아파트 20평, 50만 원 / 3,000만 원'

'□□아파트 17평, 45만 원 / 3,000만 원'

인터넷을 통해 검색을 해보니 반전세로 살면 원룸이나 투룸이 아닌 아파트에서도 살 수 있겠다는 생각이 들었다. 3,000만 원의 보증금에 가구까지 장만하려면 돈이 조금 더 필요했다. 우리는 여행을 다녀온 후 당장 집을 구하기 어려워 시부모님 댁에서 머물렀다. 시부모님은 주중에 지방에서 일을 하시고 주말에만 집에 오시기 때문에 시부모님 댁에서 당분간 살면서 돈을 좀 더 모으기로 했다. 그렇게 남편의 형과 우리 부부의 세 달간 동거가 시작됐다.

집이 있어야만 결혼할 수 있나요?

우리 부부는 월세를 내고 사는 것에 대해서는 당연하게 생각했다. 외국 어디를 나가도 항상 숙박비를 내는 것이 당연했다. 내 집이 없으면 집을 사용하는 대가를 내는 것은 자연스럽다. 하늘에서 집이 뚝 떨어지기를 바랄 수는 없었다. 집이라는 게 애초에 그리 쉽게 구매할 수 있는 것은 아니며 내가 태어날 때부터 지고 온 것도 아니니까. 맨손으로 태어난 것 치고는 지금 꽤 많은 소유를 가지게 된 거 아닌가? 물론 집값이 저렴했더라면 좋았겠지만, 월세를 내고 사는 게 서글프다고 생각해본 적은 더욱 없다.

"집은 있어? 집은 어떻게 하려고?" 우리가 결혼을 한다고 했을 때 이렇게 물어보는 사람들이 있었다. 집이 있어야만 결혼할 수 있다는 것도 의아했고, 왜 그냥 우리의 결혼을 축하해줄 수는 없는가 하는 생각도 들었다. 특히 주변 어른들의 말씀을 듣다 보면 결혼을 잘하는 것이란 '집을 사 줄 수 있는 부유한 집안의 자식과 결혼하는 것'인가 하는 얘기로 들려서 화가 나기도 했다. 심지어 우리 엄마도 처음에는 이런 반응을 보였다.

"내가 너를 이렇게 귀하게 키웠는데…. 집도 장만하지 못하는 남자와 결혼시키고 싶진 않아."

그 말을 듣는 순간 내가 아프리카 남수단에서 결혼 지참금을 받고 팔려가는 여자가 된 것 같았다. 엄마에게 자세히 설명했다.

"엄마는 성 차별 없는 세상에서 내가 살기를 바라지 않아요? 내가 여자라서 못하거나 해야 하는 일들이 많으면 속상해할 거잖아요. 근데 남자라는 이유로 왜 남자가 집을 준비해야 돼요? 내가 동갑인 남자랑 결혼하는데 어떻게 집을 마련할 수 있겠어요. 남자들은 군복무 때문에 취업도 늦으니 돈 모으는 데 시간이 걸릴 수밖에 없고, 결국 부모님 도움을 받아야 하잖아요. 저는 부모님 도움 없이 남편이랑 같이 돈 모아서 나중에 집을 장만하고 싶어요. 우리가 지금 먹고살기 힘든 것도 아닌데, 굳이 부모님으로부터 경제적 도움을 받아야 하는지 모르겠어요."

이런 대화를 나누면서 엄마의 생각도 점점 바뀌었고, 내 말에 동의하게 됐다. 돈은 노동과 시간의 대가다. 나는 내가 땀 흘려 번 돈이 충분하다면 다른 사람이 시간 투자로 받은 돈에 욕심내지 않는다.

결국 우리는 결혼한 지 10개월 만에 집을 구하게 됐다. 월세 50만 원에 보증금 3,000만 원이었고 20평에 방 두 개인, 30년 된 아파트였다. 오래된 아파트라서 많이 낡고, 창틀도 툭 치면 떨어질 듯 불안하긴 했다. 하지만 우리는 아주 만족했다. 드디어 우리 둘만의 첫 집이 생겼으니까! 그리고 내가 상상한 것보다 훨씬 넓은 집에 살게 됐다. 17평이 아닌 20평을 선택한 것은 집에서 일을 하기 때문에 방 하나를 홈오피스로 만들기 위함이었다.

이상커플의 돈 관리

지금도 우리 부부는 아직 집 장만은 못했지만 예전보다 수입은 늘어나서 저축은 계속 해오고 있다. 조만간 무리하지 않는 선에서 우리의 보금자리를 마련할 생각이고, 이런 계획을 할 수 있어서 감사한 마음이다. 만약 내가 집을 살 수 있는 형편이 안 된다면 그 상황에서 최선을 찾아갈 것이다. 더 작은 평수의 집에서 거주하거나, 집 구매를 늦추거나 지방에서 거주하는 것도 방법이 될 수 있다. 집 장만이 인생의 가장 중대한 목표는 아니라는 것만 알고 있다면 다른 선택지를 고려해볼 수 있을 것이다.

그런 목적이 없다면 돈 자체는 필요하지 않다. 내가 하고 싶은 일들은 대부분 많은 돈보다는 시간이 필요하다. 지금 내가 가진 돈으로 내가 하고 싶은 일을 거의 할 수 있기 때문에 부족함을 느끼지 않는다. 필요한 만큼 벌고, 필요한 만큼 쓰고 싶다. 그렇기 때문에 돈을 벌기 위해 하기 싫은 일은 하고 싶지 않다. 또한 내가 필요한 돈 이상으로 돈을 쌓아 놓고 싶지 않으며 나중에 자식에게 물려주고 싶은 마음도 없다.

"많으면 많은 대로, 적으면 적은 대로 맞춰서 산다"가 돈 관리의 지침이다. 이에 따라 우리 부부는 돈 관리를 할 때 따로 용돈을 정한다거나 예산을 짜지 않는다. 가계부 작성도 하지 않고 무리하게 아껴쓰지도 않는다. 필요하다면 언제나 그렇게 할 수 있다. 초반에는 돈을 빨리 모아야 해서 철저하게 관리한 적도 있다. 하지만 지금은 그렇게 하지 않아도 괜찮다는 판단이 들어 꼼꼼하게 챙기지 않고 있다. 한 달에 한 번 우리 부부는 한 달의 수입과 지출을 확인한다. 지출이 적절하면 넘어가고 많을 경우 다음 달에는 좀 더 신경쓰도록 한다. 지금은 이렇게 해도 우리가 필요한 만큼의 저금을 할 수 있기 때문이다.

나중에 수입이 줄어든다면 돈을 쓰지 않을 자신도 있다. 그리고 전체적으로는 씀씀이를 너무 키우지는 않고자 한다. 넉넉하게 사는 게 당연해지면 다시 내려놓는 것이 어렵고, 짐이 무거워질수록 자유로운 삶은 살 수 없게 되니까.

내가 미래를 준비하는 방법은 두 가지다. 첫째, 앞으로 일하지 않고 살아갈 날을 계산해서 대략 한 달에 얼마를 저금해야 하는지 계산해보는 것. 다른 사람이 알려주는 은퇴 후 노후생활 비용은 중요하지 않다. 나의 씀씀이는 내가 아니까, 내가 얼마의 돈으로 살 수 있는지 예상해본 후 꾸준히 그만큼 저축을 한다. 대략 버는 돈의 50% 정도를 저축하면 충분하다고 생각한다. 수입에 따라 어렵다면 30%도 괜찮다. 둘째, 내 능력을 꾸준히 키우는 것이다.

50대가 되고 60대가 되어서도 조금씩이라도 일을 하는 방법은 회사에 의존하지 않고 독립적인 능력을 키우는 것이다. 지금 당장 버는 돈보다 실제 활용할 수 있는 능력을 키우는 것이 중요하다. 물론 이 역시, 적당히 필요한 만큼만 한다. 능력도 내가 써먹을 만큼만 필요하다. 노력하면 지금보다 내 능력을 더 키울 수는 있지만, 그것에 혈안이 되어 있지는 않다.

돈을 쓸 때는 가능한 물건보다 경험을 사고 싶다. 언제나 물건보다는 여행을 택한다. 《굿라이프》라는 책의 "행복하지 않은 사람은 소유를 늘려 타인을 위협하지만, 행복한 사람은 경험을 늘려 관계를 강화한다. … 행복한 사람들은 돈으로 경험을 사서 삶의 이야깃거리를 만들어낸다"라는 구절에 깊이 공감했다.

모든 걸 정리해보면 이렇다. 필요한 것과 필요하지 않은 것을 자신만의 기준으로 선택하기. 이것이 나의 돈 관리 방법이자 삶을 살아가는 방법이다.

좋아하는 사람과 좋아하는 일을 합니다

남친은 동업자

"창민아, 이제 우리 같이 일하자!"

"지금은 네가 대부분의 일을 하고 있는데…. 난 어떤 일을 해야 하지?"

"하다 보면 생기지 않을까? 먼저 30%만 나눠보는 거 어때?"

동업계약은 구두로 체결됐다. 이로써 사업을 함께하는 연인이 된 것이다. 내가 1년 가까이 운영하던 일이라 처음에는 남자친구가 어떤 일을 할 수 있을지 몰랐다. 수입 배분은 7대 3으로 시작해서 시간이 지난 후 반반으로 조정했다. 만약 우리가 총 200만 원의 수입을 얻었다면 140만 원, 60만 원으로 수입이 배분되는 것이었다. 대학생 신분에서 60만 원이 적은 돈은 아니었기 때문에 남자친구는 자신의 역할이 별로 없을 때 미안해하기도 했다. 하지만 몇 달 후부터 실력을 발휘하기 시작했다.

"기연아, 전화영어 사업의 미래를 위해 우리 서비스를 소개하는 홈페이지가 있는 게 좋을 것 같아."

"네이버 카페로도 충분하지 않을까? 홈페이지를 만들려면 비용이 들잖아."

"내가 직접 제작하면 비용이 들지 않으니까 내가 한번 만들어볼게."

우리는 최대한 낮은 가격으로 수업을 제공하기 위해 비용이 들어가는 일은 되도록 하지 않았다. 캐나다 선생님의 급여가 높은 편이라, 다른 부가적인 비용을 들이면 가격 부담이 커지기 때문이다. 그래서 홈페이지도 처음에 개발하지 않았는데 남편이 코딩을 독학해서 만들었다. 처음 홈페이지는 아주 단순했다. 한 페이지로 구성되어 사람들에게 캐스전화영어의 서비스 안내와 비용을 소개하는 정도였다. 시간이 지나면서 남편의 코딩 실력도 점점 늘어 현재는 회원 가입과 로그인, 회원 관리가 가능한 홈페이지를 구축하게 됐다.

마케팅 비용을 많이 쓰지 않기 위해 직접 뛰는 방식을 택했다. 블로그로 홍보를 하기도 했지만, 처음에는 블로그 방문자가 적은 편이라 그것만으로 부족했다. 20만 원 비용으로 디자인이 예쁜 전단지를 만들어봤으나 사람들이 전단지 받는 것을 귀찮아하고 돌리는 것도 쉽지 않았다.

— 캐나다 사람과 1:1 전화영어회화. 미국이나, 캐나다에 못 간다면 한국에서 영어회화 실력을 키우자. 지금 신청하면 1시간에 1만 5,000원. 시세의 반값. 문의는 여기로. (외대생 운영)

손바닥 만한 하얀 종이에 검은색 글씨로 핵심 내용만을 인쇄했다. 대학생이었던 우리는 대학교 공간을 최대한 활용하고자 화장실 문 앞에 작은 전단지를 붙여서 학생들의 관심을 끌었다. 단순히 호기심만 끄는 광고가 아니라 확실한 가격과 연락처도 명시했다. 소비자 입장에서 가격을 숨기는 업체를 좋아하지 않기 때문에 가격은 바로 공개한다. 남편과 나는 각각 남녀 화장실을 맡았는데, 학생들이 궁금해하면서 전단지를 달라고 하기도 했다. 연세대와 서강대에 전단지를 붙이고 나면 신촌 근처를 돌아다니면서 데이트를 했다.

달라서 좋은 사람

결혼을 하고 나서도 우리 부부는 사업을 함께 운영했다. 사업을 하면서 우리는 굉장히 다른 사람이라는 걸 깨닫게 됐다. 나는 미래를 상상하는 것을 좋아하고 해보고 싶은 게 많은 반면 남편은 미래에 문제될 만한 것을 방지하는 것을 좋아하고 하고 싶은 게 별로 없는 사람이었다. 나는 아날로그적인 사람으로 컴퓨터나 기계를 잘 다루지 못하고 기계를 만지다 보면 스트레스를 받곤 한다. 반면 남편은 컴퓨터와 기계를 잘 다루고 그걸 만질 때 즐거워하는 사람이다. 나는 숫자에 약하다. 내가 하는 사업도 환율과 관련되어 있고, 해외여행도 자주 다녔지만 나는 여전히 환율 계산을 어려워한다. 남편은 숫자를 다루는 걸 부담스러워하지 않고 암산도 빠르다. 나는 결정이 빠른 사람이다. 반면 남편은 꺼진 불도 다시 보는 심사숙고형이다. 오죽하면 내가 결혼 전에 한 유일한 고민이 '이 남자가 결정을 빨리 못해서 내가 답답하면 어떡하지?'였다.

우리는 너무 달라 때론 서로를 이해할 수 없었다. 서로를 알아가고 맞춰가는 과정이 필요했다. 하지만 사업을 함께 하기에는 이보다 좋을 수 없었다. 동업을 할 때 가장 중요한 것은 서로의 부족함을 채워주는 것이라고 생각하는데, 우리는 그런 면에서 완벽한 사업 파트너였다. 처음에는 삐걱거리기도 했고 서로 의견을 좁히는 것이 어려울 때도 있었다. 하지만 시간이 지나면서 대화하는 법을 점차 배워갔다. 결혼생활이든 동업이든 가장 중요한 것은 대화라고 믿는다. 불필요해보여도 사소한 이야기까지 함께 공유하면서, 자신의 상황도 언급하는 것이 중요하다. 가장 나쁜 것은 회피이기 때문이다.

"우리 이번 연말에 학생들 중 1년 넘게 수강한 분들에게 선물을 해주는 건 어떨까?"

"오, 그럴까? 괜찮은 거 같아. 왜 그런 생각을 했어?"

"VIP 수강생들에게 감사를 표현하면 좋을 것 같고. 오랫동안 수강한 분들 관리도 중요하잖아."

"그럼 어떤 선물이 좋을 거 같아? 좀 뻔한 거 말고 신박한 거 없을까? 비용은 어느 정도 들까? 만 원 정도?

"만 원 정도 생각했는데, 아무래도 기프티콘으로 하는 게 좋지 않을까? 주소를 받거나 하긴 어려울 테니까."

대화를 잘하기 위해서 몇 가지 중요한 말이 있다. 먼저 "너의 생각은 어때?"다. 상대방의 생각을 묻는 것이 중요하고, 그 생각이 나와 다르더라도 바로 부정적인 반응을 하지 않고 끝까지 들어본다. 그 다음은 "왜 그런 생각을 하게 됐어?" 혼자 단정하지 말고 상대방이 왜 그런 생각을 하게 됐는지 물어보는 것도 중요하다. 나와 생각이 다르다면 내가 우려하는 부분이 무엇인지, 내가 다르게 생각하는 이유를 공유한다. "이건 그냥 내가 생각해본 건데", "나도 확실한 건 아니고 더 생각해봐야 하지만"이라는 말을 붙이는 것도 노하우다. 나의 말 속도는 빠르고 남편은 느린 편이라 처음에는 남편의 말을 끝까지 듣는 것이 어려웠다. 그래서 대화하다 답답할 때 자꾸 끼어들곤 했는데 지금은 그러지 않으려고 노력한다. 남편 이야기를 들을 때 말하고 싶어서 움찔거리는 내 입에 살짝 손등을 갖다 대고 막기도 한다.

남편과 나는 분업을 잘하는 편이다. 나는 주로 마케팅을 담당하고 있어서 블로그와 유튜브를 운영한다. 나는 블로그에 글을 쓰는 게 즐겁고 편한데, 남편은 블로그에 글을 하나 쓰는 데 5시간 넘게 걸리곤 했다. 사람들과 소통하고, 이벤트를 준비하는 것도 내 몫이다. 웹사이트와 고객 관리 프로그램을 만들고 관리하는 일, 세무 관리, 재정 관리, 직원과 선생님들에게 임금을 지급하는 일은 모두 남편이 담당한다. 선생님들을 채용하기 위한 스카이프 인터뷰는 한동안 내가 하다가, 요즘에는 남편이 하고 있다.

"이번 달 수입은 어떻게 됐어?"

월 매출은 통장에서 볼 수도 있고 관리 프로그램에서 직원과 우리 부부 모두 그때그때 확인할 수 있지만, 순수입을 계산하는 건 남편의 몫이다. 남편이 세금과 수입 등을 관리하기 때문에 나는 한 달에 한 번씩 물어봐야 알 수 있다. 수입이 많으면 "오, 이번 달에는 수입이 많네"라며 기분이 좋고, 수입이 적으면 "이런 날도 있는 거지, 다음 달에는 좀 더 신경쓰도록 하자!"라고 말하곤 한다. 보통은 내가 긍정적으로 상황을 바라보는 편이고, 남편은 좀 더 걱정을 많이 한다. 남편은 수입이 좋을 때도 안 좋아질 때를 미리 걱정하고, 나는 수입이 적을 때도 "그 정도면 충분한데?"라고 말하며 안심 시켜주곤 한다.

부부가 함께 일하는 것을 우려하는 시선도 있지만, 내겐 아무 문제가 없다. 일을 함께하니 대화할 시간도 충분하고, 친구들이나 가족들을 자주 만날 수 있어서 만족스럽다. 만약 직장에 다녔다면 남편과 보내는 시간을 확보하기 위해 다른 만남을 줄여야 했을 것이다. 마음이 정말 잘 맞지 않으면 어려운 게 동업인데 부부이다 보니 서로의 목적이 같고 상대방에 대한 믿음이 굳건하다. 동업을 하면 생길 만한 복잡한 고민 없이 신뢰를 기반으로 편하고 즐겁게 일할 수 있었다.

우리가 앞으로 살아가면서 어떤 형태로 삶이 변할지는 모른다. 아이를 키우면서 일의 방식이 바뀔 수 있고, 새로운 직업을 가지게 되거나 공부를 하게 될 수도 있다. 어떤 형태든 상관없다. 혼자가 아닌 둘이서 함께 힘을 합칠 수만 있다면 우리는 환상의 동업자이자 부부가 될 것이다.

PART 3
그렇게 작은 회사 사장이 된다

“내가 꿈꾸는 회사가 지구에 없다면,
내가 만들면 되지!”

사업에 대한 배움은 현재 진행형

캐스가 대박 나던 날

"창민아, 오늘 왜 이렇게 신청이 많이 들어오지?"

"그렇네? 10개나 들어왔잖아?"

그 다음 날에도 10개가 넘는 새로운 신청이 들어왔다. 날마다 새 회원이 계속 늘었다. 월 회원이 120명 정도 있는 상황에서 매일 10명의 새로운 회원이 추가로 유입되는 것은 분명 증가세였다. 신청은 많은데 시간이 가능한 선생님이 거의 없었다. 새로운 선생님을 계속 영입해야 했는데, 채용하는 데는 꽤 오랜 시간이 걸린다. 최소한 1~2주일이 걸려야 선생님 한 분이 수업을 시작할 수 있게 되고 10~15명의 학생만을 담당할 수 있었다. 선생님도 채용해야 하고 고객도 관리해야 하니 정신이 없었다. 전화영어 사업을 시작하고 처음으로 일주일 동안 야근을 했다.

— 캐스전화영어 대박났나 봐요! 갑자기 많은 신청이 들어오고 있는데 이유를 모르겠어요.

블로그에 일상적인 글 작성에 익숙해져 그때의 상황도 기록했다. 어떤 분이 비밀 댓글로 귀띔을 해줬다. 회원수가 많은 커뮤니티 카페에 캐스전화영어에 대한 긍정적인 후기가 올라온 덕분에 신청자 수가 늘어난 것이었다. 커뮤니티의 위력은 엄청났다. 그 이후로 우리는 여덟 달 동안 아무런 마케팅을 하지 않아도 될 정도였다. 마케팅을 하면 더 많은 신청이 들어올까 봐 일부러 마케팅을 하지 않았다.

2016년 여름, 호주에서 한국으로 돌아온 이후 이 기간 동안 서비스 신청이 늘어나 캐스전화영어는 한층 성장할 수 있는 계기를 맞았다. 우리가 감당할 수만 있었다면 훨씬 더 많은 고객을 유치할 수도 있었다. 하지만 우리 둘만의 힘으로는 역부족이었다. 고객이 많으면 좋지만 그만큼 상담이 늘어나고 기다리는 사람들이 많아지면 부담이 커진다. 보통 전화영어는 하루이틀이면 선생님과 연결되는 경우가 많은데, 우리는 이 시기에 일주일에서 한 달까지도 기다리는 경우도 생겨났다. 심지어 체험수업도 중지했다. 정규수업 연결이 너무 오래 걸리기 때문이었다. 그러나 이 와중에도 우리는 야근을 하지 않았다. 일주일간 야근을 경험해본 뒤 내린 결론이었다. 일주일을 그렇게 보내고 나니 개인생활은 없고 온통 일뿐이었다. 일하는 시간 동안 최선을 다하고, 쉴 때는 쉬기로 했다. 욕심부리지 말고 우리가 할 수 있는 만큼만 하기로 한 것이다.

일이 많은데 왜 아르바이트를 구하거나 직원을 채용하지 않았는지 의아해한 사람도 있을 것이다. 우리도 모든 것이 처음이었다. 어쩌다 보니 사업을 시작했고, 여기까지 왔다. 채용 방식, 채용 후 직원과 일의 분담 방법을 비롯해 우리의 수입은 어떻게 될지 알 수 없었다. 당장 눈앞에 있는 일을 처리하기 급급하기도 했다. 당장 직원을 채용한다고 해도 일을 맡기는 건 쉽지 않을 것 같았다. 내가 항상 해오던 일이니 내가 하는 게 편하기도 했다. 그러나 우리도 회원수가 늘어나면서 아르바이트와 직원 채용에 대한 생각을 하기 시작했다.

일을 많이 하려고 창업한 게 아닌데

소극적인 마케팅을 하고 부담되는 부분을 포기하니 어느 정도 안정을 되찾았다. 그러자 슬슬 여행을 가고 싶었다. 지난 여섯 달 동안 해외 생활을 했기 때문에 한동안 여행을 하지 않았고, 일에 좀 더 집중했던 시간이었다. 반년이 지나니 다시 떠나고 싶은 욕구가 생겨서 2주간 대만 여행을 떠났다. 그런데 대만을 여행하면서 예상치 못한 깨달음을 얻었다.

"더 이상 이렇게 여행할 수는 없겠어…! 하루 8시간을 열심히 일하고 나니 너무 피곤해. 오전 8시부터 오후 5시까지 일하고 잠시 숨 돌리면 6시가 되고, 밥을 먹고 나면 너무 늦은 저녁이 돼버려. 저녁에 여기저기 돌아다니는 것도 힘들어. 숙소에 와서 자고 일어나면 또 오전 8시에 일을 시작해야 하고…."

예전에 여행과 일을 병행할 때는 업무량이 그렇게 많지

않아서 여유롭게 일하고 놀 수 있었다. 그런데 일의 강도가 높아지고 근무시간이 늘어나면서 여행과 일을 병행하는 것이 어려워졌다. 이것은 그때의 여행이 우리와 잘 맞지 않았던 이유도 있었다. 대만에서 우리가 고른 숙소는 너무 작고, 쾌적하지 않아서 하루 종일 일을 하기엔 불편한 부분이 있었다. 또한 평소와 달리 일정을 짧게 잡다 보니 매일 바쁘게 돌아다녔다. 차라리 일정을 길게 잡고 일하면서 주변도 천천히 둘러보는 시간을 가졌으면 좋았을 텐데 일과 여행을 동시에 열심히 하려니 지쳐버린 것이다.

회원수가 늘어남에 따라 매출과 수입도 늘어났다. 그것이 기쁘면서도 동시에 해결해야 할 문제들도 생겨나면서 우리의 스트레스도 커져가고 있었다. 이 스트레스는 여행마저도 편히 즐길 수 없게 만들었다. 이제 다시 선택을 해야 했다.

"난 일을 많이 하려고 창업을 한 게 아닌데…."

우리가 택할 수 있는 방법은 두 가지였다. 하나는 일을 줄일 수 있도록 고객관리 프로그램을 개선하는 것. 남편이 꾸준히 프로그램을 개선한 덕분에 100명이 넘는 고객을 관리할 수 있게 됐다. 반복적인 일은 가능한 자동화할 수 있게 하고, 일처리에서 누락이 없도록 체계를 잡는 과정이 필요했다. 하지만 아무리 자동화를 한다고 해도 사람이 직접 해야 하는 부분이 있다. 우리는 100% 자동화된 프로그램을 만들고 싶은 것은 아니다. 그것은 우리보다 많은 자본을 가진 업체들이 할 수 있는 일이고, 우리는 사람 손이 직접 가는 서비스를 만들고 싶었다. 요즘 시류에 역행하는 것이지만, 번거로운 일을 하는 게 때로는 경쟁력이 된다. 스마트한 IT 시대이지만 자동화 시스템보다 직접 사람에게 물어보는 게 편한, 나 같은 사람들은 언제나 있으니까.

조금씩 사장의 일을 배워갑니다

두 번째는 우리의 일을 나눌 사람을 찾는 방법이다. 나는 전부터 얘기를 꺼냈지만, 남편은 직원 채용에 대해 부정적으로 생각하고 있었다. 직원 채용에 대한 책임과 매달 고정비용에 대해서도 걱정했다. 그렇지만 나는 시도해보고 싶었다. 다른 사람과 함께 일할 때 장단점이 모두 있겠지만 우리가 해보지도 않고 예상할 수는 없었다. "그럼 일주일에 한 번만 해보면 어떨까? 내 동생이랑 일주일에 하루 4시간 만 해보면 어떤지 알 수 있을 것 같아!"

동생에게 만 원의 시급을 주고 일주일에 한 번, 부담되지 않는 선에서 시도해봤다. 한 달이면 16만 원 정도이니 충분히 부담없이 시도해볼 수 있는 비용이다. 동생은 돈을 벌어서 좋고, 나는 아르바이트생과 함께 일하는 경험을 해볼 수 있었다. 한 달간 실험 끝에, 나와 주 3회를 함께 일할 수 있는 아르바이트생을 구하기로 했다. 대학교 후배를 채용하여 내 업무의 일부를 맡기고 나니 내겐 좀 더 여유가 생겼다. 그 시간에 블로그 글을 작성하거나 해보고 싶은 다른 일을 할 수 있었다. 그런데 이 모든 시간은 시행착오 그 자체였다.

소통법, 업무 분장과 일에 대한 평가나 피드백, 그리고 매뉴얼 작성법 등에 대해 잘 몰라서 서툴렀다. 아르바이트 직원과 함께 일하는 동안 우리는 업무 매뉴얼을 만드는 데 시간을 쏟았다. 이전에는 우리 머릿속에서 진행되던 모든 업무를 가능하면 구체적으로 문서에 정리하는 작업을 했다. 아무것도 모르는 사람이 갑자기 투입 되더라도 매뉴얼을 보고 이해할 수 있도록 하기 위함이었다. 이것이 없다면 사업은 우리 부부만이 할 수 있는 일이 돼버리고, 결국 최소한의 자유 시간도 확보하기 어렵기 때문이다.

선생님이 수업 연기를 신청했을 때

1. 학생들에게 수업 연기 안내를 보낸다. (안내 문구 : 안녕하세요! 다름이 아니라 OOO 선생님이 O월 O일 수업을 취소하여 연락드립니다. 그날 수업을 취소하고 종료일을 하루 뒤로 미뤄도 괜찮을까요?)
2. 12시간 이상 미리 연기된 경우, 전산에서 종료일을 하루 미룬다.
3. 12시간보다 늦게 연기된 경우, 전산에서 종료일을 하루 미루고, 적립금 3,000 포인트를 지급한다.

매뉴얼을 만드는 것은 단지 처음 온 아르바이트생을 위한 것이 아니다. 자주 쓰는 문구는 머릿속에서 다시 생각할 필요 없이 복사해서 쓰게 되면, 남는 '생각 에너지'를 더 중요한 판단이 필요한 다른 업무에 사용할 수 있다. 또한 사람이 하는 일이라 실수를 줄이고 업무에서의 누락을 피하기 위해 매뉴얼 대로 일을 처리하도록 한다. 아르바이트 직원을 채용하고 싶은 사람이라면 매뉴얼을 만드는 것을 추천하고 싶다.

'계속 경험하다 보면 나아질 거야'라는 생각은 내게 힘이 돼줬다. 나는 사업을 키우고 직원을 고용하며 관리하는 방법을 몰라서 혼란스러웠고 실수도 종종 했다. 하지만 시간을 쏟을수록 서투르게 일을 처리할 확률은 낮아진다. 처음에 어설픈 것은 당연하다. 모든 시간은 배워가는 과정이니 미숙하다고 걱정할 필요가 없다. 나는 여전히 사업을 하면서 '이 시간은 사업을 성공적으로 운영하는 과정이 아니라 사업에 대해서 배워가는 과정'이라고 생각한다. 우리가 지혜로운 인생을 사는 법을 모른 채 살아가면서 조금씩 배워가듯이 말이다.

적게 일하고 많이 행복한 회사

사장도 사장의 조언이 필요해

나는 무언가를 결정할 때 다른 사람들의 의견을 잘 물어보지 않는다. 인터넷 검색을 하고, 책을 읽으며 조사를 하고, 주변 사람들의 이야기를 듣기는 하지만 모두 참고용이다. 고집 센 나는 상대방의 조언에 휘둘리기보다는 직접 해보는 걸 선택하는 편이다.

그런데 이번에는 좀 달랐다. 직원을 채용하는 일에는 먼저 경험해본 사람들의 조언이 매우 소중했다. 직원을 고용한 사람들이 주변에 많지 않고, 특히 작은 회사에서 직원을 채용하는 방법을 알려주는 책도 드물었다. 기회가 되는 대로 경험이 있는 사람들에게 질문을 던졌다.

"(4인 회사를 운영하는 사장님에게) 직원 채용에 대한 조언을 좀 듣고 싶습니다!"

"(회사를 다니는 친구들에게) 너는 회사를 다니면서 어떤 점이 가장 좋아? 만족을 느끼는 복지제도가 있어?"

"(직원수 100명이 넘는 회사를 운영하는 사장님에게) 많은 직원을 어떻게 관리하시나요? 관리할 때 어떤 점이 중요할까요?

그만큼 나에게 있어 '직원 채용'은 어렵지만 상세히 알고 싶은 부분이었다. 그래서 오랫동안 망설이기도 했지만 아르바이트생과 일을 하면서 자연스레 판단이 섰다. 우리에게는 아르바이트생이 아닌 직원이 필요했다.

직원 채용의 목적은 회사 규모를 키워서 매출을 늘리기 위한 것은 아니었다. 내 목적은 두 가지였다. 하나는 수입이 줄어도 더 많은 시간을 확보하기 위해서였고, 또 다른 하나는 즐겁게 함께 일할 직원을 구하고 싶어서였다.

그동안 내가 하던 일을 반 정도로 줄이고 더 많은 자유로운 시간을 가지려면 직원이 일을 완전히 전담할 수 있어야 했다. 물론 나와 남편만 할 수 있는 일도 있긴 하지만 적어도 하루이틀은 우리가 없어도 일이 제대로 돌아가려면 실무가 가능한 정직원이 필요했다.

고민 끝에, 두 명의 직원을 채용하기로 했다. 사장 두 명에 직원 한 명이 있는 것보다 사장 두 명에 직원 두 명이 있는 것이 직원의 입장에서 외롭지 않을 거라고 생각했기 때문이다. 그래서 영어회화가 가능한 사람과 디자인 직무로 두 명의 직원을 뽑았다. 디자이너를 채용한 이유는 우리 부부에게 가장 부족한 능력이기 때문이었다. 두 명의 직원을 동시에 뽑는 것이 약간 부담스러운 결정이기도 했다. 현재 그 이유 때문은 아니지만 두 명 직원 중 한 분만 남았다. 두 명의 직원을 채용하기로 한 결정은 후회하지 않는다. 그때의 경험 덕분에 큰 배움을 얻을 수 있었기 때문이다.

"직원 월급을 주다가 적자가 나면 어떻게 해!" 남편의 걱정처럼 직원 채용엔 리스크가 따랐다. 그럴 때는 막연히 두려움만 가질 것이 아니라 그 리스크의 실체를 자세히 따져보는 것이 중요하다. 직원을 고용했는데 매출이 떨어져서 우리의 수입이 줄어들거나 적자가 나는 것이 가장 큰 두려움이었다. 지난 몇 달의 평균적인 수입을 고려해볼 때 두 명의 직원에게 월급을 주는 것이 가능해보였다. 우리의 수입이 절반으로 줄어드는 것은 사실이었다. 직원 월급과 사무실 비용을 제한 우리의 수입이 900만 원일 때는 사무실 비용과 직원 월급을 주고 나면 400만 원이 남았고, 1,000만 원일 때는 500만 원이 남는 식이었다. 하지만 지금보다 매출이 떨어진다면 우려하던 상황이 일어날 수 있다. 예를 들어, 순수입이 700만 원으로 떨어지면 우리 둘에게 200만 원밖에 남지 않게 된다. 그러나 적자가 나거나 수입이 거의 없다고 해도 최소 반년에서 1년은 버틸 수 있는 자금은 보유하고 있었다. 이렇게 최악의 상황에도 우리가 대처할 수 있을지 확인해봤다.

가장 좋은 시나리오도 생각해봤다. 현재 우리가 운영하고 있는 사업은 기하급수적으로 수입이 늘어나기는 쉽지 않다. 다른 경쟁업체도 많아서 마진을 높이기 어렵고, 그렇다고 갑자기 회원수를 늘리는 것도 쉽지 않다. 그러나 지금까지의 속도로 꾸준히 성장을 한다면 충분히 두 직원의 월급을 감당하면서 우리도 기본적인 생활을 할 수 있다. 또한 직원이 내 업무의 반 이상을 맡아준다면, 내가 하루에 확보한 5~6시간 동안 새로운 일을 도전해볼 수 있다. 만약 내가 새로 시작한 일에서 수입을 얻을 수 있다면, 두 직원과 우리 두 명이 안정적으로 일할 수 있는 환경이 마련된다. 즉, 베스트 시나리오는 전화영어 사업도 조금씩 성장을 하고, 나는 새로운 일을 할 시간을 얻으면서, 동시에 새로운 수입처를 만드는 것이었다.

'꿈의 직장'을 만들 수 있을까?

직원 채용은 또 다른 의미에서 나에게 굉장히 특별한 일이기도 했다. 그동안 내가 목청 높여 비판해왔던 것이 불합리한 업무 환경이었고, 내가 그토록 바라왔던 것이 '꿈의 직장'이었다. 밥 먹듯이 야근을 하며 일이 삶의 전부인 듯이 살아야 하는 상황에 대해 강한 반발심을 갖고 있었고, 수평적으로 존중받지 못하는 조직 속의 관계도 싫었다. 파격적인 근무조건과 복지혜택으로 관심을 모았던 소프트웨어 벤처기업인 제니퍼소프트 견학을 통해 이상적인 회사를 만들고 싶은 꿈을 키워왔다. 그런 내가 이제 대표가 되고 직원을 채용한다면, 나만의 꿈의 직장을 넘어 누군가의 꿈의 직장을 만들어야 한다. 이러한 꿈이 부담되기보다는 설렘으로 다가왔다. 다음 내용은 미래를 상상하는 '미래일기'를 쓰면서 내가 꿈꾸는 회사에 대한 글을 블로그에 썼던 부분을 발췌한 것이다.

— 우리 회사는 오전 9시 출근이다. 9시부터 12시까지 3시간은 모든 에너지를 쏟아 짧은 시간 내에 최선의 성과를 내도록 한다. 12시부터 1시는 점심시간, 자유롭게 점심을 먹으러 간다. 회사 직원들을 소중하게 여기고, 친구나 언니 같으면서도 배울 점 많은 대표가 되고자 노력한다.

오후 1시부터 오후 5시까지는 자유롭게 창의적으로 일한다. 소통을 자주 하며 회의도 많이 한다. 근무시간 중 한 시간은 업무 외의 학습과 대화를 나누는 시간으로 배정한다. 운동이나 독서 등을 함께하며 좋은 습관을 만든다. 다양한 의견을 존중하며 눈치 안 보고 아이디어를 낼 수 있는 환경을 조성하고 싶다.

오후 5시 이후에는 야근은 없도록 한다. 그러기 위해 업무시간에 최선의 결과를 내도록 한다. 칼퇴근 직장의 꿈이 실현된다. 1년에 한 번은 회사 직원들과 함께 해외여행을 간다. 1년 중 한 달의 방학을 우리도, 직원들도 가질 수 있도록 노력한다. 그 시간을 휴식과 재충전, 새로운 일에 도전하고 즐길 수 있는 시간으로 삼는다.

무려 6년 전에 쓴 글인데, 지금 돌아보면 실현된 것도 있고 그렇지 않은 것도 있다. 현실적으로 어려웠거나 가능한 부분도 있었다. 예를 들어, 회의를 많이 하는 것을 원했지만 근무시간이 고객 상담시간과 겹쳐서 초반에는 마음껏 회의를 할 시간이 없었다. 1년 중 한 달의 방학은 아직 갖지 못했다. 반면 야근이 없는 것과 여행이나 운동 등 취미생활을 한 것은 실현이 됐다.

이런 꿈의 직장이 가능하려면 현실적으로 두 가지가 필요한 듯하다. 이런 꿈의 직장을 만들고자 하는 의지를 가진 사장과 충분한 자금이다. 앞서 말한 제니퍼소프트의 경우 기업의 순이익이 높고, 작은 우리 회사와는 비교할 수 없이 높은 매출을 내는 곳이다. 물론 회사의 수입이 많다고 무조건 꿈의 직장이 되는 것은 아니다. 사장이 직원들과 함께 이익을 나누고 즐겁게 일하는 것, 최소한의 근무시간을 중요하게 생각하니 그런 꿈의 직장이 가능한 것이다.

나는 의지는 충만했으나 충분한 자본이 없었다. 그렇다

고 해서 돈을 많이 벌기 위해 전력을 다하고 싶지는 않았다. 사람마다 능력이 다르듯 회사도 사업 역량이 다른데, 그것을 키우기 위한 노력이 지나치면 꿈의 직장이 일부분 깨질 수 있기 때문이다. 대신 우리가 할 수 있는 선에서 꿈의 직장을 만들기 위해 노력했고, 지금도 그것은 진행형이다. 내가 선택한 방법은 가장 중요한 '짧은 근무시간'을 지키는 것이고, 그 다음으로는 우리가 할 수 있는 것들은 최대한 하면서 할 수 없는 일은 하지 않는 것이었다.

세븐아워의 약속

회사의 이름이 '세븐아워'인 것에서 알 수 있듯이 나는 가장 중요한 조건을 업무시간으로 정했다. 이 시간은 우리의 약속이고, 이 시간 동안 최선을 다하면 된다. 우리는 북미, 유럽의 회사들처럼 9 to 5이다. 오전 9시에 출근해서 오후 5시에 퇴근하고 중간에 1시간 점심시간이 있다.

반면 월급을 올리는 것은 한계가 있다. 성과에 따라 상여금을 주기도 하고 월급을 올리기도 했지만 여전히 풍족한 수준은 아니라고 생각한다. 그렇지만 근무시간과 자유로운 연차 사용 등 기본적인 사항은 꼭 지키고자 한다. 경제적인 부분을 절대 무시할 수 없다는 것을 알기에 영어교육을 위한 무료 강의를 지원해주고, 매출이 높을 때는 상여금 지급과 노트북 제공 등 우리가 할 수 있는 부분에서 최선을 다하고자 한다.

'재택근무'로의 전환도 우리가 할 수 있는 일이었다. 1년간 출퇴근을 한 후 직원들의 의견을 물어보고, 우리 모두가 원하는 방향으로 결정했다. 재택근무를 해서 얻게 되는 장점은 출퇴근 시간이 사라지는 것이다. 하루에 7시간을 일에 투자하면 나머지 시간은 온전한 자유시간으로 누릴 수 있다. 재택근무로 전환한 대신 화상 회의를 하기도 하고 한 달에 한두 번 정도 만나 즐거운 시간을 갖고 있다.

'수평적인 대화와 의견을 존중하는 것'도 우리가 할 수 있는 일이었다. 물론 처음부터 서로 OO님으로 부르고 존댓말을 사용하여 겉으로 보기엔 수평적인 대화를 하기는 했지만, 처음엔 의견을 경청하는 것이 쉽지 않았다. 상대방이 어떤 생각을 갖고 있는지 몰라서 상대 의견을 마음껏 물어보지 못했다. 직원이 나와 다른 의견을 말하고, 내가 할 수 없는 일을 요구하면 어떻게 대처해야 좋을지 미리 걱정했다. 나 역시 솔직하게 마음을 터놓지 못한 면도 있다. 친구나 직원과의 관계는 차이가 있어야 할 것 같았다. 그러나 시간이 지나면서 직원과의 관계도 친구와의 관계와 다르지 않다는 걸 깨달았다. 모든 문제에 대해 솔직하게 이야기 나눈 후 내가 가능한 부분은 최선을 다해서 하고, 다른 의견에 대해선 충분히 설명하면 되는 것이었다. 괜한 걱정을 하며 충분히 소통하지 않는 것이 오히려 큰 실수였다는 것을 나중에 깨닫게 됐다. 요즘엔 서로 의견을 편하게 나누며 충분한 소통을 하고 있다고 믿는다.

— 세븐아워는 덜 일하고 더 행복한 회사입니다. 우리는 일하기 위해 살지 않습니다. 행복하기 위해 일합니다. 우리가 일하는 7시간이 세상을 더 나은 곳으로 변화시키기를 소망합니다.

부푼 꿈을 안고 블로그에 채용공고를 내고, 지원자들 중 4명의 사람들을 만나 인터뷰를 했다. 최종적으로 두 분과 함께 새로 준비한 사무실에 출근하게 됐다. 대표라서 티를

낼 수 없었지만 우왕좌왕했던 그때의 기억이 생생하다. (그래도 티는 다 났겠지만.)

이상적인 꿈을 안고 시작했지만 역시 현실은 쉽지 않았다. 첫 달에는 생각보다 비용이 많이 들어갔다. 컴퓨터도 4대가 필요했고, 책상과 의자 등 구비해야 할 것이 생각보다 많았다. 그동안 재택근무를 해서 임대료 걱정은 없었는데 이제는 매달 100만 원 가까이 임대료와 관리비가 지출됐다. 엎친 데 덮친 격으로 처음 몇 달간 매출이 떨어졌다. 마음이 조급해지면서 원하던 꿈의 직장을 우리가 정말로 만들 수 있을까 하는 고민에 빠졌다.

성공을 가로막는 건 아무일도 하지 않는 것

사장의 일을 사장의 마음으로

출발을 하자마자 뒤뚱거리기 시작한 '세븐아워' 보트는 나아갈 방향이 필요했다. 앞으로 여섯 달, 1년간 계획이 필요했다. 대표가 해야 할 일은 청사진 제시라는 것을 이내 깨닫게 됐다. 전화영어 사업과 병행할 수 있는 다른 일은 무엇이 있을지 고민했다. 가장 적합한 일이 두 가지로 추려졌는데 마케팅과 교육이었다.

전화영어 사업을 하면서 필요할 때마다 마케팅을 해왔다. 점점 블로그 이웃도 많아졌고 마케팅 방법도 배웠지만, 우리가 마케팅을 전문으로 하는 회사는 아니었다. 둘러보니 마케팅을 전문으로 하는 업체들이 눈에 띄었다. 예를 들어, 광고를 해주는 페이스북 페이지나 블로그를 관리해주는 마케팅 업체가 있었다. 이런 회사들은 마케팅 활동만으로 회사가 돌아간다. 우리 회사도 앞으로 마케팅 능력을 더 키운다면 새로운 일을 할 수 있지 않을까 생각했다. 어차피 전화영어도 꾸준한 마케팅이 필요하니까 겸사겸사 도움이 될 거였다.

또 다른 분야는 교육이었다. 3년 전부터 가끔씩 강연을 하고 있었다. 자본금이 없는 상황에서 사업을 시작하게 된 내 창업 이야기를 전하는 내용이었다. 강연에 대한 반응이 꽤 좋았고, 많은 분을 만날 수 있었다. 강연과 같은 교육 프로젝트는 전화영어 사업을 하면서도 충분히 병행할 수 있을 거란 생각이 들었다. 이번에는 일회적인 강연이 아닌 정기적으로 모여 소자본 창업 프로젝트를 함께 도전하는 프로그램을 만들면 좋겠다고 생각했다. 특히 교육은 내가 가장 큰 열정을 갖고 있는 분야이기도 해서, 지금부터 차차 교육에 대한 경험을 쌓고 싶었다.

"우리 앞으로 세 가지 일을 해보면 좋겠어요. 첫 번째는 지금 하고 있는 전화영어 사업을 개선하고 발전시키는 일이에요. 특히 캐스전화영어의 새로운 웹사이트를 만드는데 다 같이 힘을 합쳐봐요. 두 번째, 페이스북 페이지를 만들어 많은 팔로워를 확보해서 마케팅 능력을 키워봐요. 세 번째, 디자이너님과 함께 제가 소자본 창업 프로그램 자료와 과정을 만들어보려고 해요."

사실 4명이 하기에는 세 가지 미션이 꽤 많았다. 하지만 마음이 좀 급했다. 변화하고 발전하는 회사의 모습을 직원들에게 당장 보여줘야 할 것 같은 책임감이 들었다. 그래야 모두 이 항해에 대해 안심할 것 같았다.

창업을 결심한 이후 가장 마음이 조급했던 건 처음 직원을 고용했을 때였다. 더 많은 자유시간을 갖기 위해서 직원을 고용했지만, 한 명이 아닌 두 명의 직원을 고용하게 되면서 생각보다 일이 커졌다. 4명이 안정적으로 일할 수 있는 회사가 되기 위해서는 새로운 변화와 지속적인 발전이 필요하다고 느꼈다. 혼자 사업을 할 때는 적게 벌면 적게 버는 대로 시간적 여유가 있었고 적자가 날 일이 없어 마음의 여유가 있었는데, 직원이 생기니 정신을 좀 더 똑바로 차리게 됐다.

실패는 배움의 과정이다

마음과 달리 우리의 새로운 프로젝트는 좀처럼 진전되지 않았다. 페이스북 페이지에 열심히 디자인한 콘텐츠를 매일 업로드했지만 큰 변화가 없었다. '리브딥Live Deep'이라는 이름의 페이스북 페이지를 통해 깊이 있는 삶을 살아가는 방법에 대한 이야기를 전했다. 성공보다 행복을 추구하며 살아가자는 내 생각을 담은 콘텐츠였는데, 아무래도 추상적인 내용이다 보니 큰 관심을 얻지 못했다. 콘텐츠는 역시 현실적이고 실질적인 내용이 인기가 많다. 또 다른 이유도 있었다. 나는 그동안 블로그에 콘텐츠를 담아왔고 사람들에게 좋은 반응을 얻었는데, 나를 전혀 드러내지 않은 '리브딥'에서는 솔직한 이야기를 하지 못하니 콘텐츠를 만드는 게 더 어려웠다. 3만, 5만, 10만 명의 팔로워가 있는 다른 페이스북 페이지들을 참고하여 시작했는데 우리의 페이지는 몇 달이 지나도 팔로워가 500명 이상은 더 늘어나지 않았다.

"생각보다 잘되지 않네. 그럼 다른 걸 해봐야겠다."

페이스북 페이지에 대한 마음을 잠시 내려놓고, 그동안

하고 싶다고 생각했던 다른 아이디어를 실행에 옮겼다. '어느 날 창업'이라는 웹사이트였다. 외국에는 양질의 정보가 담긴 웹사이트가 많다. 우리나라는 웹사이트보다는 주로 페이스북, 블로그, 인스타그램 등의 플랫폼을 이용하는 편이다. 그런데 우리나라의 인터넷 공간에는 양질의 정보를 찾기 어려워 아쉬웠다. 특히 창업을 시작할 때 정보가 너무 없어서 한국에도 소자본 창업에 대한 양질의 정보를 담은 웹사이트가 있었으면 좋겠다고 생각했다. 주변에 소자본 창업을 시작한 사람들을 대상으로 인터뷰를 해서 웹사이트에 담기 시작했다. 남편이 개발하고 직원이 디자인을 담당하여 사이트를 구축했다. 그러나 결국 이 일도 몇 달 만에 그만두게 된 것은 수익 창출 가능성에 비해 투자하는 시간이 너무 많았기 때문이다. 대면 인터뷰에도 시간이 꽤 소요됐지만, 녹음한 인터뷰 내용을 정리하여 웹사이트에 옮기다 보면 하루가 다 갔다.

사실 내가 시도한 일은 지극히 나다운 방법이었다. 처음 사업을 시작했을 때나 지금이나 똑같았다. 해보고 싶은 게 있으면 일단 시도해봤으니 시도 자체에 의의를 두는 것이 맞았다. 우리는 실패한 것이 아니었다. 이 사업이 우리와 어떤 면에서든 잘 맞지 않다는 걸 발견한 성공이었다. 그러나 달랐던 점은 이번엔 나 혼자가 아니었다는 것이다. 모두가 함께했기 때문에 실패했을 때 의욕과 자신감이 떨어지는 건 나뿐만이 아니었다. 그것이 리더로서 나를 두렵게 만들었다.

그렇다 해도 다른 방법은 없다. 나름대로 최선의 판단을 내리고, 해보고 싶은 일을 해보는 것 말고는 다른 뾰족한 방법이 없다. 결과를 예측할 수 있는 사람은 없다. 우리가 할 수 있는 일은 최선을 다해 시도해보고 결과를 기다리는 것뿐이다. 시도하는 사람이 여러 명이든 한 명이든 우리에게는 기다릴 줄 아는 인내심이 필요하다. 몇 번의 시도가 실패해도 그 과정에서 배움을 얻으며 나아가야 한다. 실패에 대해 당황하지 말아야 한다.

사람과 사람 사이의 일

처음으로 직원을 채용했다면 직원에게 그런 기다림을 부탁해야 한다. 현재가 아닌 미래를 보고 믿어 달라고 무작정

부탁하는 것이 아니다. 앞으로 잘될 테니 일단은 야근을 해 달라, 돈을 적게 받아 달라고 떼쓰는 것이 아니다. '열정 페이'를 요구해서는 안 된다. 스타트업들 대부분 이런 일들을 행해서 비난을 받는다. 기본적인 근로기준법을 지킬 수 없다면 사장이 될 자격이 없다. 그러나 우리는 기본적인 근무 조건이나 환경 이외에 성과에 대해서는 기다려 달라고 말해야 한다. 우리가 하는 일들의 성과는 사장 역시 지켜봐야 알 수 있고, 작은 성공을 맛보기까지 생각보다 꽤 많은 시간이 걸릴 수도 있다고 말해야 한다. 모든 것이 정착되고 안정된 기업이 아니라면 (물론 그런 기업이란 없겠지만) 변화가 생길 수 있고, 생각만큼 일이 잘 풀리지 않을 수 있다는 것을 우리 모두가 인지해야 한다. 물론 무작정 말로만 믿어 달라고 할 수는 없다. 그 근거를 어떤 방법으로든 제시해야 한다. 사장을 신뢰할 만한 구석이 도대체 보이지 않는데 믿어 달라고 할 수는 없는 거니까.

이제 나도 직원과 함께 일한 지 4년이 넘었다. 직원 채용과 관리한 경험이 많은 편은 아니지만 누군가 나에게 "어떤 직원을 뽑아야 할까요?"라는 질문을 한다면 두 가지 이야기를 들려주고 싶다.

첫 번째. 함께 일해보기 전에는 알 수 없기 때문에 채용 과정에서 모든 걸 파악할 수 없다는 사실이다. 처음부터 우리와 완벽히 맞는 사람을 채용하고 싶겠지만 그럴 수는 없다. 자신의 판단을 믿고 최선을 다해서 채용하되, 함께 일해보는 과정에서 서로 많은 것을 배우게 될 것이다. 그 과정에서 조직과 잘 맞는 사람도 만나게 되고 그렇지 않은 사람도 만나게 되는 건 자연스러운 일이다.

두 번째, 작은 회사에 필요한 직원은 어떤 상황에도 맞출 수 있어야 한다. 기본적인 근로기준법은 앞서 말했듯이 지켜야 하지만, 근무시간 안에 해야 하는 업무는 언제나 바뀔 수 있다. 움직임이 둔한 큰 회사와 달리 작은 회사는 상황에 맞춰 방향을 쉽게 바꿀 수 있다. 그러다 보니 직원들의 업무도 바뀔 수 있다. 페이스북 페이지를 운영하다가 갑자기 영어교재를 만들 수도 있고, 마케팅 업무를 지원할 수도 있다. 물론 가능한 각자의 의견을 수용하려고 하지만, 각자의 직무가 명확히 분리되어 자신의 역할에 맞는 일만 하는 건 큰 회사에서나 가능한 일이다. 작은 회사는 인원이 적으니 한 사람이 여러 가지 일을 해야 할 수도 있다. 특히 처음 직원을 채용할 때 다양한 일을 하게 될 수도 있다는 점을 명확히 전달하는 것이 필요하다.

세븐아워의 항해가 불안하기만 했던 것은 아니다. 흔들리면서도 앞으로 조금씩 나아가고 있었다. 몇 달이 지나니 캐스전화영어의 매출이 다시 올라가기 시작했다. 새로 시작한 창업 프로그램도 여러 시행착오를 겪기는 했지만 잘 진행되고 있었다. 우리는 그렇게 처음 계획대로 기존의 일을 진행하면서 새로운 수입처도 만들고 있었다. 그러다 예상치 못한 일이 생겼는데, 바로 유튜브였다. 유튜브는 사실 회사 전체의 프로젝트가 아니라 개인 활동으로 조금씩 하고 있었다. 그런데 직원들의 시간과 인력을 많이 투자한 페이스북 페이지보다 개인적으로 했던 유튜브에서 반응이 더 좋았다. 페이스북이 아니라 유튜브로 방향 전환이 낫겠다는 생각이 들기 시작했다.

사진도 못 찍는데 영상을 찍는다고?

다시, 다시! 다시 찍자!

내 인스타그램이나 블로그를 본 사람이라면 알 수 있겠지만, 나는 사진을 잘 찍는 편이 전혀 아니다. 감각적이고 예쁜 사진과는 거리가 멀다. 사진을 찍고 영상을 촬영하는 일은 나와 그리 맞지 않는다고 생각한다. 지금 구독자 5만 명이 넘는 유튜버가 됐지만, 나는 영상과는 거리가 먼 사람이었다. (여전히 그리 잘 만들지는 못한다.) 확실한 사례가 될 만한 이야기가 있다.

캐나다에 여행을 간 2015년에 처음으로 영상촬영을 도전해봤다. 캐나다에 간 김에 캐나다 선생님들과 함께 짤막

한 영어강좌를 만들어보고 싶었다. 고객들에게 유익한 영상자료를 제공해줄 수 있고, 다른 회원들을 모집하는 데도 도움이 될 듯했다.

"안녕하세요! 저는 아비가일이고요. 오늘은… 안나샘과 함께 영어를 배워보겠습니다. 어… 안나! 오늘 배울 표현은 무엇일까요? 아… 잠깐만! 다시 다시! 다시 찍자!"

캐나다 런던에 있는 빅토리아 공원에 자리를 잡고 영상 촬영을 시작했는데, 얼굴은 굳고 땀을 뻘뻘 흘렸다. 나는 NG를 수없이 외치며 다시 찍자고 했고, 다시 찍을 때마다 더욱 긴장하게 됐다. 영상 촬영도 어렵지만 영상에 찍히는 것도 이렇게 어려울 줄은 몰랐다. 게다가 내가 이렇게 말을 못한다는 것은 처음 깨달았다. 영상을 찍기 시작하면 긴장해서 머릿속이 하얘지고, 도대체 내가 어떤 말을 내뱉고 있는지도 알 수가 없었다. 몇 번 더 시도를 해보다가, 영상은 아무나 찍는 것이 아니라는 교훈을 얻고 나서 영상제작 프로젝트를 깨끗이 포기했다.

'유튜버 기연'의 시작

그 후로 영상에 대해서 한참 잊고 있었는데, 미련이 다시 스멀스멀 생기는 계기가 생겼다. 바로 유튜브였다. 유튜브는 원래 내가 좋아하는 가수 아이유의 영상을 보기 위한 공간이었는데, 언제부턴가 영어 유튜브의 세계에 빠져들었다. 영어로 검색을 한 번 해보았더니 일반인들이 만든 영상이 다양한 주제로 가득했다. 미니멀리즘, 자기계발, 가족과 여행 등을 주제로 영상을 만드는 유튜버들이 어마어마하게 많았다. 내가 좋아하는 주제의 영상들을 찾아보면서, 왜 우리나라에는 이런 영상이 없을까 생각하게 되었다.

'이런 유튜브 채널이 우리나라에는 없는데 내가 이런 영상을 만들 수만 있다면 정말 좋겠다. 그런데 나는 영상을 못 만드는데 어떡하지? 난 정말 이렇게 만들 수 없을까? 다시 천천히 시도해보면 오래 걸리더라도 배울 수 있지 않을까?'

이런 생각을 갖고 해외여행을 다니면서 멋진 풍경을 배경으로 영상 촬영을 꾸준히 해봤다. 평소에는 사진만 찍고 블로그에만 올렸는데, 나중에 유튜브를 할 때 필요할지도 모른다는 생각으로 영상을 찍어본 것이다. 그리고 2016년 5월 드디어 유튜브 채널을 시작했다. 여전히 영상을 제작할 줄 몰랐지만, 시작이 반이니까. 일단 유튜브 채널부터 개설하고 나서 영상공부를 시작했다.

유튜브 채널을 개설하고 나니 일단 뭘 촬영할지 고민이었다. 영상 주제도 마땅히 없고, 영상 편집 실력이 부족해서 촬영하고 싶은 게 있다고 해도 다 찍을 수 없었다. 처음에는 그냥 뭐든지 찍었다. 영상으로 찍을 만한 게 있으면 가리지 않고 촬영했다. 불고기 요리를 하는 모습이라든지 식물을 키우면 씨를 심고 물을 주는 과정, 호주 여행에서 사온 기념품 등이 영상의 소재가 됐다. 뭐라도 영상에 담을 게 있어야 촬영할 수 있고, 그렇게 해야 편집할 수가 있다. 처음에는 촬영 소재가 없고 영상 질이 낮아서 문제였지 촬영 자체에 많은 시간이 소요되지 않았다. 워낙 완벽주의를 추구하는 편이 아니라 편집도 대충해서 3~4시간이면 영상 하나를 만들 수 있었다.

잘 찍은 영상이 아니어도 유튜브에 올렸다. 촬영한 영상에 대한 사람들의 반응도 살피면서 나와 잘 맞는 콘텐츠를 찾을 수 있었다. 자신의 실력이 부족하더라도 일단 사람들에게 보여주는 것이 좋다. 그래야 사람들에게 피드백도 받으면서 성장할 수 있게 된다. 영어를 못해도 사람들과 영어로 자주 말하는 것이 도움되듯 영상 기술이 부족해도 업로드하는 쪽을 택했다. 그러면 사람들이 부족한 부분에 대해 친절하게(또는 불친절하게) 알려준다.

— 기연님, 유튜브 내용은 정말 좋은데요. 도움이 될까 해서 말씀드려요. 유튜브 영상 질이 떨어져서 보기가 힘들어요. 일단 말하는 속도가 너무 느려서 듣기 답답하고요. 음질도 별로 좋지 않아요. 그리고 처음에 바로 본론을 들어가는 게 좋을 것 같고요. 필요 없는 부분은 편집하는 게 좋을 것 같아요.

유튜브를 통해 내 생각을 전하기 시작하면서 받은 피드백이었다. 이 피드백 덕분에 나의 유튜브 영상은 한층 발전하게 됐다. 당시 나는 공유할 만한 생각이 있으면 대충 구상해서 말을 주절주절 늘어놓은 후 편집해서 올렸다. 스크립트나 명확한 개요가 없었기 때문에 이야기가 늘어졌고, 중간중간 정지하는 부분도 많았다. 이 피드백을 받은 후부터는 스크립트를 작성하고, 필요 없는 부분을 최대한 편집해서 핵심만 잘 전달하도록 노력했다.

사람들은 대부분 유튜브를 하기 위해서는 말을 잘해야 한다고 생각할 것이다. 하지만 원고를 작성한다면 말을 잘 못하는 사람도 유튜브를 할 수 있다. 오히려 글을 잘 쓸 수 있다면 유튜브를 잘할 수 있을 거라고 생각한다. 물론 어떤 유튜버들은 갖은 애드리브를 선보이며 재미있게 콘텐츠를 만들다보니 훨씬 더 반응이 좋지만, 말주변이 없다고 유튜브를 하기 힘든 건 아니다. 원고를 쓰고 중간에 그 내용을 보면서 촬영하라. 말 실수한 부분은 편집해서 잘라내면 된다. 유재석처럼 대단한 방송인도 대본이 있다. 즉흥적으로 혼자 떠들 수 있는 사람은 그렇게 많지 않다.

나의 유튜브 영상 제작 방법은 이렇다. 첫 번째, 주제를 생각한다. 평소에 영상 주제가 떠오르면 핸드폰에 메모 해 둔다. 두 번째, 주제를 정하고 글을 쓴다. 블로그 글 작성과 비슷하지만, 다른 점이 있다면 원고를 작성하면서 소리 내어 계속 읽어본다. 글과 말이 조금 다른 부분이 있어서 말을 할 때 자연스럽게 바꾸기 위함이다. 또한 글을 쓸 때 나만의 노하우는 넘버링을 하는 것이다. 5~10분 가량 영상이 나눠져 있지 않으면 지루해질 수 있다. 나는 '행복하게 사는 법 5가지', '돈 아끼는 법 3가지' 등으로 넘버링을 하는 편이다. 넘버링을 하지 않을 때에는 그만큼 흡인력 있는 내용으로 만들어야 한다. 원고 작성 후에는 다시 한 번 읽어보면서 지루하거나 뻔한 말이 없는지 확인한다. 영상을 보는 시청자들은 인내심이 많지 않다. 조금만 지루해도 바로 꺼버리기 때문에 흥미를 불러일으키는 새로운 내용이 이어지는 것이 좋다. 세 번째, 의상을 갖춰 입은 다음엔 카메라 구도를 잡고 조명을 켠 후 촬영을 시작한다.

오래가는 유튜버로 사는 법

유튜브의 영향력은 막강했다. 블로그를 유튜브보다 훨씬 오래했지만 이웃이 1만 명인데 반해, 유튜브는 벌써 5만 명이 넘었으니 말이다. 블로그와 유튜브의 영향력이 이렇게 다른 데는 한 가지 이유가 있다. 바로 '추천 동영상' 때문이다. 블로그는 주로 기존의 이웃이나 검색을 통해서 사람들이 들어오고, 그 외의 유입은 별로 없다. 유튜브는 한 영상을 보고 있으면 아래에 내가 관심을 가질 만한 영상들이 계속 노출되어 '유튜브의 늪'에서 빠져나오기 어렵기 때문에 유튜브의 파급력이 큰 것이다. 만약 내 영상이 다른 사람들에게 추천 영상으로 계속 노출되면, 검색으로 유입되는 것보다 훨씬 많은 사람이 볼 수 있다. 내 영상들 중 5만, 10만 명이 본 영상들은 대부분 검색보다는 추천 동영상을 통해 사람들 눈에 띄었다.

세븐아워의 첫 계획을 떠올려본다. 캐스전화영어 사업 성장을 위해 마케팅과 교육이란 분야에 도전하기로 한 것 말이다. 이 계획이 확실하게 이루어지는 데 2~3년이라는 시간이 걸렸다. 세븐아워가 출범하고 1년 반이 지났을 때 유튜브 구독자가 1만 명이 됐다. 그러나 유튜브 구독자가 1만 명이라고 해도, 유튜브로 얻는 수익은 거의 없다고 해도 좋을 정도로 미미했다. 2~3년이 지난 후에야 유튜브만으로 수익을 얻을 수 있었다. 유튜브를 통해 마케팅 효과가 커지면서 전화영어에도 도움이 됐고, 지속적으로 강연을 할 수 있었다.

유튜브 활동을 통해 수익구조를 만들려면 유튜브 광고 수익 창출 조건이 반드시 필요하고 그걸 해내야 수익이 나온다. 또한 제품을 협찬받아 영상을 촬영하면 광고주 입장에서는 간접광고 효과를 얻을 수 있으니 대가를 지불하고 광고하게 된다.

세븐아워가 캐스전화영어 사업뿐 아니라 유튜브와 강연을 통해 종종 다른 수입처도 얻게 되면서 예전보다 훨씬 안정감을 느끼고 있다.

"사람들은 1년 동안 할 수 있는 일은 과대평가하고, 10년 동안 할 수 있는 일은 과소평가한다"는 빌 게이츠의 말에 크게 공감한다. 나는 유튜브를 시작하면서 앞으로 5년, 10년을 내다봤다. 그 이유는 내가 유튜브를 잘할 자신이 없었기 때문이었다. 내가 잘하지 못한다면 다른 사람이 1년에 할 것을 나는 5년에 하면 되는 것이었다. '꾸준히 영상을 올리다보면 10년 후에는 뭔가 변화가 있지 않을까?'라는 생각이었다. 반면 나는 세븐아워와 함께한 페이스북 페이지를 하면서는 1년 안에 성과를 보길 원했다. 우리 회사 직원들이 함께하는 프로젝트이기 때문에 빠른 결과를 보고 싶었다. 우리 모두가 1년 안에 할 수 있는 일을 과대평가하고 있었던 것이다.

이제는 모든 일을 2~3년 단위로 보게 된다. 1년 안에 할 수 있는 일은 그리 많지 않다. 바라는 일이 이루어지는 시간은 꽤 오래 걸린다. 앞으로도 멀리 보고 유튜브를 운영할 것이다. 일희일비하지 않고, 독특한 개성이 넘치며 선한 영향력을 미칠 수 있는 유튜브 채널을 즐거운 마음으로 꾸준하게 운영할 것이다.

이상커플의 유튜브 채널 주제는 다양하다. 내가 좋아하고 관심 있는 것, 내가 하고 싶은 말을 담기 때문이다. 그러다보면 주제가 중간에 바뀔 수도 있다. 나는 앞으로 5년, 10년 후에도 취미 삼아 유튜브를 하고 싶다. 그렇기 때문에 내가 좋아하는 주제를 선택하고 내 생각을 전달하는 채널이어야 한다. 내가 즐길 수 없다면 절대 다른 사람들이 좋아할 만한 영상을 만들 수 없으며, 오랫동안 유튜브를 제작하는 것도 무리다. 앞으로 내가 아이를 키우면서 육아에 대한 관심사가 새로 생긴다면 그에 대한 주제로 영상을 만들 수도 있다. '이상커플의 이상적인 라이프'라는 제목처럼 우리의 삶에서 일어나는 일을 주제로 삼아 그때그때 그에 대한 생각을 나누고 싶다. 내가 가장 관심있는 주제가 바로 '삶'이기 때문이다.

사실 영상을 만드는 게 여전히 쉽지는 않다. 편집자 은서의 도움을 받아서 영상의 수준이 많이 올라갔지만, 나 혼자서 수준 높은 영상을 만드는 것은 무리다. 똑같은 주제의 영상이더라도 훨씬 더 보기 좋고, 재미있게 만드는 유튜버들을 보면 부럽기도 하다. 하지만 나는 내가 할 수 있는 만큼 한다. 영상을 잘 만드는 사람은 그럴 만한 이유가 있을 것이다. 영상을 제작하는 데 재능이 있을 수도 있고, 지금까지 영상에 투자한 시간이 더 많이 쌓였을 수도 있다. 나는 내가 하고 싶은 말을 최선을 다해 전할 뿐이다. 유튜버가 가장 빨리 불행해지는 방법은 다른 사람과 비교하는 것이다. 비교하다 보면 이 역시 끝없는 경주가 돼버린다. 조회수와 구독자 수, 영상의 퀄리티를 비교하는 것은 오직 좋은 영향을 미칠 때만 하자.

처음부터
잘하는 사람은 없잖아

이번 생에 강연은 처음이라

"음… 잘했어! 잘했는데. 날 것의 느낌이랄까…?" 내 강연을 응원하러 와준 친구가 솔직한 피드백을 줬다. 13명이 참석한 나의 첫 강연이었다. 강연에 참석한 분들은 대부분 내 블로그 이웃들이어서, 다들 열심히 내 이야기를 경청해줬다. 강연료는 3만 원이었는데, 강연 후에 다시 모임을 가졌다. 이런저런 비용을 제외하면 수입은 얼마 되지 않았지만 소중한 배움의 경험이 되었다.

언제부턴가 강연 능력을 키우고 싶다고 생각했다. 강연 능력이 있다면 꾸준히 일을 할 수 있지 않을까 생각했고,

내가 강연과 잘 맞는 사람인지도 확인하고 싶었다. 강연을 잘하려면 직접 해봐야 했다. 내가 첫 강연에서 다룰 수 있는 주제는 '소자본 창업 하는 법'이었다. 처음 창업을 했을 때 특별한 기술이나 능력, 그리고 경험도 없는 문과생이었다. 사람들과 대화를 나누다 보면 나보다 창업을 더 잘할 수 있는 사람들이 눈에 띄었다. 덕후 기질이나 기술력을 가진 사람도 있었다.

"저보다 기술과 능력도 탁월하시고, 가능성도 많아 보여요. 충분히 잘하실 수 있을 것 같은데요!"

나는 거짓말은 못하는 편이라 이유 없이 이런 말은 잘 하지 않는다. 정말 그런 가능성이 있다고 생각할 때만 이렇게 얘기한다. 그런데도 상대방은 어떻게 해야 할지 모르는 눈치였다. 시작을 어떻게 해야 하고 무엇을 꾸준히 해야 하는지 감을 잡지 못했다. 내가 생각하는 방법과 지금까지 해온 시도들을 정리해서 강연으로 만들면 좋겠다고 생각했다. 그런데 과연 여러 사람들 앞에서 내가 말을 잘할 수 있을까? 내 강연 내용이 정말 사람들이 모르는 것일까? 떨려서 말을 버벅거리면 어떡하지? 강연은 도대체 어떻게 하는 거지? 여러 가지 걱정이 앞섰다.

20명 앞에서 말할 자신이 없다면 5명 앞에서 말을 해보면 된다. 5명도 어려우면 한 명도 좋다. 나는 블로그를 통해서 5명의 참가자를 모집했다. 카페에서 마시는 음료 비용만 부담하면 됐다. 강연은 서로 대화하는 분위기로 진행하면 좋을 것 같았다. 사업에 대한 궁금증이 있으면 내게 질문하고, 내가 알려줄 수 있는 부분은 설명해주는 방식이었다. 그렇게 만나 대화를 나누다보니 분명 내 경험이 도움이 될 수 있겠다는 생각이 들었다. 지금 나에게 수월한 과정도 처음 해보는 사람들에게는 어려운 일인 것이다.

변화를 만들어내는 피드백의 힘

초반에는 10명이 넘는 사람들 앞에서 강연할 때면 항상 남편과 동행했다. 강연 준비로 머릿속이 정신없는데, 강연 장소까지 점검하기가 어려웠다. 갑자기 노트북에 오류가 생기거나 생각지 못한 문제가 생겼을 때 남편이 큰 도움을 줬다. 심리적으로도 안정이 됐지만 실질적으로 도움이 됐던 부분은 남편의 신랄한 평가였다.

"너 강연할 때 손을 너무 많이 움직이니까 정신이 없어."

"강연할 때 사람들과 아이컨택을 해야 돼. 너는 몇 명의 사람들만 부담스럽게 쳐다봐."

"이 부분 내용이 너무 긴 것 같아. 사람들이 더 듣고 싶어하는 내용은 다른 부분이 아닐까?"

처음 남편의 솔직한 평가들을 마주했을 때는 뾰로통했다.

"아니, 이렇게 고생했는데. 잘했다고 칭찬해주면 안 되는 거야? 내가 그렇게 못했나?"

그런데 나중에 보니 평가 하나하나가 버릴 것이 없었다. 내가 평소 말하고 행동하는 습관이라서 조언을 듣는다고 해도 바로 나아지진 않았지만, 남편은 반복적으로 얘기해 줬다. 이런 과정을 통해 조금씩 개선되는 모습을 직접 확인할 수 있었다. 그러니 강연을 잘하고 싶은 사람이라면 지인의 모니터링을 통해 신랄한 피드백을 받도록 하자.

또 하나의 좋은 방법은 기회가 될 때 다른 강연을 많이 듣는 것이다. 강연자 입장에서 강연을 들어보면 버릴 것이 하나 없다. 심지어 돈이 아까웠던 강연이라도 나에게는 타산지석이 된다. 강연 내용뿐 아니라 진행하는 과정에서 이런저런 아이디어를 얻게 된다. 강연을 듣는 입장이 됐을 때

보이는 게 또 다르다.

"OO님께서는 저보다 사업에 대해 더 잘 아실 것 같은데…. 제 강연이 도움이 되시겠어요? 다 아는 내용일지도 몰라요!"

강연하는 사람들이 자주 느끼는 부담이 하나 있다면 이런 것이다. 강연을 들으러 오는 사람들은 정말 다양하다. 강연 주제에 대해 잘 모르는 사람도 있지만, 나보다 훨씬 더 많은 경험을 한 사람들이 참석하는 경우도 많기 때문이다. 나 역시 익숙한 주제의 강연을 들을 때도 있다. 블로그에 대한 강연을 들을 때면 지루함보다는 공감을 하게 되고 강사나 강연 분위기에 관심을 갖는다. 나는 강연을 할 때 가르치고자 하는 목적이 아니라 나만의 색다른 경험과 이야기를 들려주고 싶다. 강연에 대한 심리적 부담을 안고 많은 내용과 정보를 전하려고 하면 길고 지루해지기 때문이다.

강연을 통해 배우게 되는 것들

나는 지금까지도 강연을 그렇게 많이 해보지는 않았다. 처음에는 세 달에 한 번 정도 천천히 시작했다가 나중에는 한 달에 한 번, 많으면 두세 번 정도 했다. 내가 전업 강연자는 아닌 만큼, 스트레스 받지 않고 천천히 성장하기 위해서였다. 강연을 하면 때로는 꽤 많은 돈을 번다. 외부 강연을 제안받거나 내가 직접 강연하는 경우 최소 30만 원에서 100만 원까지 받기도 한다. 분명 큰돈이지만, 그만큼 강연 한 번을 준비하는 데는 꽤 많은 시간이 소요되며 강연을 하는 날이면 심리적이나 체력적으로 꽤 많은 에너지를 쏟아부어야 한다. 강연하는 날과 그 전날 그리고 다음 날까지도 소진되는 느낌이다. 강연 다음 날엔 파김치가 되어서 푹 쉬어야 한다. 나는 아직 강연 초보라서 그럴지도 모르겠다.

강연 덕분에 울고 웃었던 적이 많다. 강연을 만족스럽게 잘한 날이면 날아갈 듯 기뻐하며 며칠을 보낸다. 강연에 아쉬움이 남은 때면 울적하기 짝이 없다. 강연에 대한 아쉬운 피드백을 받을 때면 하루 종일 신경이 쓰이고, 말실수라도 한 날이면 혼자 계속 곱씹는다. 강연 전날이면 부담감에 배탈도 난다. 강연 제안을 받을 때면 기분이 좋지만, 수락을 한 후엔 '내가 이걸 왜 한다고 해서 이 고생을 하나'라는 생각을 할 때도 많다. 하지만 어떤 일이든 수많은 시행착오를 겪어야 성장하는 법이다.

강연 초기에 어떤 분이 강연 시간 내내 계속 핸드폰만 쳐다보는 것을 발견했다. 핸드폰으로 계속 딴짓을 하는 것 같아서 초보 강연자인 나는 그것에 모든 신경이 쏠렸다. '지금 내 강연이 그렇게 시간이 아까운가? 내가 강연을 잘하지 못하고 있나?' 그 생각 때문에 강의에 집중하기가 힘들었다. 그런데 나중에 보니 그분은 핸드폰으로 필기하고 있는 거였다. 나의 쓸데없는 걱정과 경험 부족이 만들어낸 해프닝이었다. 경험이 쌓이면서 더 이상 같은 문제로는 신경쓰지 않게 됐다.

강연은 어렵긴 하지만 정말 멋진 일이다. 사람들을 만나고 대화도 나눌 수 있다. 사람들에게 도움을 주며 위로와 희망을 전할 수도 있다. 사람들에게 어떤 형태로든 영향을 줄 수 있다. 강연이 끝난 후에는 대화시간을 길게 가지는 편이다. 멀리 지방에서 오는 분들을 배려해서 더 많은 대화를 나누고 싶은 분이 있다면 끝까지 남아 있는다. 때로는 속 깊은 이야기를 하다가 눈물을 흘리는 분도 있고, 그 마음이 전해져 가슴이 먹먹했다. 이렇게 마음을 나누는 시간이 참 소중하고 유의미하다.

사업을 하면서 가장 큰 스트레스이면서 동시에 가장 큰 기쁨과 보람을 느낀 것은 강연이었다. 여전히 나는 강의를 할 때면 긴장되고 실수를 하면 당황하곤 한다. 하지만 내 이야기를 듣고 싶은 사람들이 있다면, 꾸준히 강연을 할 것 같다.

작은 사장의 여행 복지

세븐아워의 우수사원을 소개합니다

"다른 친구들이 회사에 대해 안 좋은 이야기를 할 때 저는 할 말이 없어요. 저는 우리 회사가 너무 좋아요."
"요즘 제 주변 사람들은 모두 친절해요. 회사 사람들도 다 친절하고요."

지난 3년 동안 함께 일한 수현님이 우리에게 했던 말을 기억한다. 만족스러운 일터를 만들고 싶은 나에게는 굉장히 의미 있는 말이었다. 회사가 조금씩 안정을 찾기 시작하면서 우리 회사 직원들이 "어떻게 하면 행복할 수 있을까"

에 대해 적극적으로 고민하기 시작했다. 그 직원들 중 나와 남편을 비롯해 수현님, 영상편집을 도와주고 있는 은서님도 포함된다. 우리 모두의 행복도를 높이는 게 내가 일을 하는 목적이고, 우리 회사가 존재하는 이유다. 세븐아워는 하루에 7시간 일하면서 우선 우리를 행복하게 만들고, 그 다음에 우리의 서비스를 이용하는 고객들을 행복하게 하는 것이 목적이다. 우리가 불행하면서 고객이 행복한 것은 의미가 없고, 불행한 직원이 고객에게 행복을 전달할 가능성도 별로 없다고 생각한다.

직원들과 이젠 모두 친구가 돼서 내가 친구를 위하는 것인지 직원을 위하는 것인지 헷갈릴 때가 있다. 사장의 입장에서 직원이 만족감을 느끼도록 하는 건 내 책임이며, 사랑하는 친구이기도 하기 때문에 그 친구의 행복을 위해 돕는 건 당연하다. 언제부턴가 직원이라는 단어가 딱딱하게 느껴질 정도로 내게는 직원들이 특별하고 그들과의 인연이 소중하다.

나만 일방적으로 도움을 주는 것도 아니다. 우리는 서로 협력하는 공동체이다. 소프트웨어 벤처기업 제니퍼소프트 대표는 '생존공동체'라는 말을 언급했는데, 굉장히 공감됐다. 우리는 사람들의 모임이고, 서로의 행복을 돕는다. 단지 우리는 생산활동도 함께 한다는 특징이 있을 뿐이다.

특히 수현님과 내 관계는 특별하다. 종종 둘이서만 회사 밖에서 개인적 만남을 갖기도 하고, 강릉에 2박 3일 여행을 다녀오기도 했다. 손꼽힐 정도로 잘 맞는 여행 친구다. 관심사와 성격, 심지어 식성까지 비슷해서 언제나 즐거운 대화가 오간다.

그렇게 좋아하는 사람이다 보니, 수현님의 인생에 기쁨을 선사하고 싶고, 좋아하는 일을 함께하고 싶은 마음이 자연스럽게 생겼다. 나는 우리가 함께 해외에서 '한 달 살기' 하는 것을 꿈꾸기 시작했다.

직원에게 주는 '경험'이란 선물

"수현님, 혹시 우리 같이 해외여행 가면 어때요? 2주도 좋고, 한 달도 좋고요!"

"너무 좋을 것 같아요! 가고 싶어요. 그럼 언제쯤 가면 좋을까요?"

나는 마음 먹으면 바로 행동으로 옮기는 편인데, 수현님은 나보다도 실행력이 뛰어난 듯하다. 수현님의 도움을 받아 더 많은 일을 빠르게 처리할 때도 있다. 해외여행을 떠나고 싶어하는 마음에 추진력까지 더해져 우리는 태국으로 3주 여행을 떠나게 됐다. 방콕에서 1주, 치앙마이에서 2주의 시간을 보내는 일정이었다. 좋아하는 마사지를 받았던 기억, 카오산로드에서 칵테일을 마시며 나눈 대화, 치앙마이의 예쁜 카페에서 보냈던 시간 등 함께한 소중한 기억들이 가득하다. 숙소는 가까운 곳에 따로 잡았고, 아침 7시부터 오후 3시까지 각자의 숙소에서 일을 했다. 그 이후에는 함께 만나 놀거나 개인 시간을 보내기도 했다.

태국 여행 후, 수현님과 꼭 캐나다에 함께 가고 싶다는 생각이 들었다. 우리 회사가 하는 일이 캐나다와 연관이 있으니 직접 가보면 좋을 것 같았다. 그리고 캐나다에서의 행복한 기억 때문에 캐나다라는 나라를 한 번 보여주고 싶다는 마음이 간절했다. 또한 나와 남편처럼 수현님도 영어를 좋아하고, 열심히 공부하니 영어권 국가에 가보면 도움될 거라 생각했다. 캐나다에서의 여행을 함께하고 싶은 마음을 오랫동안 품고 있다가 말을 꺼내보았다. 역시 수현님도 정말 좋아했다. 캐나다는 비행시간도 15시간이 넘고, 비용이 많이 들기 때문에 우리의 상황에서는 장기 여행이 낫다. 다 함께 카페에서 만나 두 달간 캐나다 여행을 차근차근 계획했는데, 그때의 설렘은 여행만큼이나 좋았다. 캐나다 런던, 토론토, 몬트리올, 미국 뉴욕으로 여행 일정을 정했다.

두 번째 캐나다 여행은 처음 그곳을 방문했을 때와는 또 달랐다. 그동안 쌓인 인연 덕분에 선생님들이 자신의 집을 거의 무료로 제공해준 것이다. 지난 여행에서는 우리가 받은 게 너무 많아서 돌려주려고 했는데, 이번 여행에서도 받은 게 넘쳐났다. 수현님은 론다 선생님의 집에서 한 달간 지낼 수 있었고, 우리 부부는 린과 폴의 집에서 한 달을 머물렀다. 따뜻한 캐나다 가정에서 함께 지낸 덕분에 캐나다의 문화를 더 깊이 체험할 수 있었다. 어떻게든 숙박 비용을 지불해서라도 받은 것을 돌려주려는 우리에게 린은 이런 말을 했다.

"우리는 지금까지 많은 사람에게 숙식을 무료로 제공해왔어. 저번에는 아프리카 가족들 7명이 우리 집에서 지낸 적도 있어. 두 사람 밥 먹이는 건 별것 아냐. 그리고 예전에는 세 딸과 손녀들이 있어서 이렇게 큰 집에서 살았지만,

다들 독립해서 살고 있으니 이렇게 넓은 집에 우리 부부 둘이서만 사는 것은 낭비라고 생각해."

린과 폴은 자신들이 받은 것이 많다는 걸 인지하고 있었다. 풍족함과 감사함을 느끼고 검소하게 생활하는 부부였다. 자신들이 아끼고 남은 것들은 나누면서 그 기쁨을 진정으로 누리고 있었다. 나 역시 남는 것은 쌓아 놓지 말고, 주변 사람들과 나누며 살자고 다짐하게 됐다. 그래서 가장 먼저 나누고 싶은 대상이 우리 직원들인 것이다.

"아프리카 수단에 있었을 때 전쟁 중이었어. 총소리도 종종 들리곤 했어. 그런데도 나는 트라우마가 없었고 두렵지도 않았어. 가족들과 주변에 사람들이 함께 있었거든. 우리는 계속 붙어 지냈어."

이번에도 린과 폴이 수단에서 입양한 딸 엘리자베스와 함께 지냈는데, 그녀의 이야기가 이번 여행에서 가장 기억에 남았다. 언제부턴가 나에게 가장 중요한 것은 '관계'와 '공동체'였다. 그랬기에 더 크게 와닿았을 수도 있다. 전쟁과 같이 극단적인 상황에서도 함께하는 사람들이 있어서 이겨낼 수 있었다는 이야기는 인상적이었다. 나는 이번 캐나다 여행을 '관계 여행'으로 이름 지었다. 언제나 나의 여행에서는 사람이 중요했지만, 이번 여행은 특히 더 그랬다.

수현님, 남편, 그리고 엄마와의 관계(엄마도 잠시 여행을 함께 했다)를 생각해보는 시간이었다. 캐나다에서 만난 친구들과의 관계…. 멋진 풍경을 보는 것만이 아니라 그것을 함께 본다는 것이 중요했고, 맛있는 음식 그 자체가 아니라 누군가와 함께 먹는 것이 소중한 경험이었다.

내가 사장으로서 직원이나 고객에게 줄 수 있는 것은 단 하나, 경험이다.

우리의 삶은 경험으로 가득 채워져 있다. 오늘 내가 출근해서 일을 하고, 여행을 하는 것 모두 경험이다. 나는 우리 직원들과 나에게 멋진 인생의 경험을 선사하고 싶고, 그 경험 중 일부를 함께하고 싶다. 시간이 흐른 후 그 경험들을 추억하며 이야기 꽃을 피우는 것도 기대된다.

절대 실패하지 않는 방법

어떤 일이든 실패하지 않는 4가지 비법

나는 걱정을 잘하지 않는다. 그런 나도 '평생 스스로 만든 사업으로 먹고살아야 한다'라는 사실에 압박감을 느낄 때가 있다. 하지만 그것도 잠시이고, 이내 '충분히 할 수 있다'라는 자신감이 생긴다. 내 성공의 기준이 높지 않기도 하지만, 절대 실패할 수 없는 4가지 방법이 있기 때문이다.

첫 번째, 적자가 발생할 일은 하지 않는다. 나는 큰 리스크를 안을 만큼 배포가 큰 사업가는 아니다. 돈을 투자해서 사업을 한다면 다 잃어도 괜찮을 정도, 그리고 배움의 비용이라고 생각했을 때 아깝지 않을 정도만 투자한다. 내 배포가 작다 보니 지금까지 돈이 최대한 적게 드는 일만 시도해왔다. 그러다 보니 지금 하고 있는 일들도 위험도가 낮다. 유튜브를 시작할 때도 비용이 들지 않았고, 유튜브가 잘 안 된다고 손해볼 일은 없다. 전화영어 사업 역시 수업이 진행된 후에 선생님들에게 후불로 임금이 지급되기 때문에 학생들이 줄어들어도 적자가 날 일은 없다. 내가 가끔씩 하는 강의도 마찬가지다. 일이 잘 안 풀려서 다른 일을 찾아야 할 수 있겠지만, 큰돈을 잃을 만큼 위험한 상황은 만들지 않는 편이다.

두 번째, 사업과 내 일을 병행한다. 사람들은 올인All-in을 해야 한다고 말하지만 나는 올인하지 않는다. 실패해도 괜찮다는 가벼운 마음으로 시도해보라고 하면 "그런 마음으로 되겠냐"라며 반대 의견을 듣기도 한다. 어떤 사람들은 스스로를 벼랑끝으로 몰아세우듯 간절한 마음으로 사업을 해야 한다고 말했다. 그러나 나를 벼랑끝으로 몰아세울 만큼 어떤 일에 절실함이나 확신을 갖고 있지는 않다. 지금까지 확신을 했던 일들도 실제로 해보니 생각과 다른 적이 많았다. 한 가지 일에 올인하는 것은 너무 위험하다.

지금 내가 하고 있는 일은 가장 좋아하고 잘 맞는 일을 찾은 거지만, 상황에 따라 달라질 수도 있다. 나는 사업을 운영하고 있지만 그것에 내 시간을 모두 쏟지는 않는다. 다른 일에 관심이 있으면 다른 일도 할 수 있다. 강연을 하거나 모임을 만들고 콘텐츠를 제작하는 일도 한다. 감당할 수 없을 정도로 많은 일을 벌이지는 않지만, 몇 가지 다양한 일을 하는 것이 사업에도 도움이 된다. 한 가지 사업에 올인할 때는 오히려 긴 안목을 갖기 어렵다. 당장의 수입에 연연하게 될 수도 있다. 반면 내가 다른 일도 할 수 있을 때에는 매출에 일희일비 하지 않을 수 있다. 웃음기 사라진 얼굴로 일을 즐기지 못하면서 한 가지 사업에만 매달릴 필요는 없다.

세 번째, 나의 개성을 쌓는 일을 한다. 퇴사를 꿈꾸는 분들의 이야기를 듣다 보면 조금 안타까운 점이 있다. 요즘에는 열이면 아홉이 '스마트 스토어'를 연다고 말한다. 몇 년 전에는 열이면 아홉이 '어플리케이션'을 개발하고 싶다고 말했다. 그런 시도가 나쁜 것은 아니다. 직접 해보면 경험은 자신의 것이 된다. 다만, 사업은 자신의 개성과 관련이 돼야 한다고 생각한다. 10명의 개성이 모두 다른데 어떻게 다 똑같이 '스마트 스토어'를 한다는 말인가! (물론 스마트 스토어를 통해 다양한 물건을 판매할 수도 있고, 스마트 스토어 이외에 다른 대안을 찾기 어려울 수도 있다.) 일마다 다른 속성이나 특징이 있다. 어떤 사람은 가르치는 일이나 콘텐츠를 만드는 일이 잘 맞을 수 있다. 모든 사람이 인터넷으로 물건을 파는 일에 관심을 갖고 있을 수는 없다.

나는 지금까지 여러 가지 시도를 해왔는데 대부분 내 개성과 잘 맞는 일이었다. 초창기에 시도했던 의류 쇼핑몰만 거리가 있었는데, 그때 큰 깨달음을 얻은 후 나와 잘 맞는 일을 찾는다. 아무리 남들이 좋은 아이디어라고 해도 나와 안 맞으면 할 수 없다. 나는 외국어를 좋아해서 외국어와 관련된 일을 많이 했다. 블로그와 유튜브에서 다루는 내용도 모두 나의 관심사와 맞닿아 있다. 물론 아직 자신을 파악하지 못했다면 나를 알아가는 시간을 가지면서 하나씩 시도해보는 것도 좋은 방법이다. 다만 나 자신을 알아가고 개성을 살릴 수 있는 방향으로 나아가야 할 것이다.

자신의 개성에 맞는 일을 하게 되면 실패해도 괜찮다. 그

실패마저 자신의 개성을 보여는 독특한 이야기며, 내가 걸어온 고유한 길이다. 또한 돈 주고도 살 수 없는 자신만의 경험을 쌓게 된다.

후배가 나에게 조언을 구한 적 있다. 대학교 4학년인데, 휴학을 하고 창업 지원을 받아 카페를 운영하고 있다.

"카페 운영을 잘하고 있는 건지 모르겠어. 잘 맞는 것 같지도 않고…. 그만두고 그냥 취업을 하는 게 나을까?"

"네가 카페를 하는 게 단지 수익을 내기 위해서인지 아니면 '그 이상의 무언가'를 얻고 있는지 생각해보면 좋겠어. 지금 일이 너의 개성과 잘 맞아서 고유한 능력이 되고 있는지, 아니면 그냥 반복적으로 하는 일이라 너만의 특별한 자산이 될 수 없다면 다른 일을 찾아보는 게 좋을지도 몰라."

네 번째, 실패하지 않는 방법은 과정 자체를 즐기는 것이다. 어느 날 남편과 산책을 하며 이런 대화를 나눈 적이 있다.

"창민아, 현재를 즐긴다는 게 뭐라고 생각해? 나는 깨달은 게 하나 있어."

"글쎄. 현재를 즐긴다는 게 뭔데?"

"우리가 지금 산책을 하면서 노원역을 향해 가고 있잖아? 노원역은 우리의 목적지이지. 그런데 나는 지금 너와 함께 걷는 걸 그 자체를 즐기고 있어. 가로수길 나무와 구름 한 점 없는 청명한 하늘만 올려다 봐도 기분이 좋아져. 만약 우리가 노원역에 도착하게 되면 계획대로 목적지에 도착하게 된 것이지만, 만약 도착하지 못한다고 해도 괜찮아. 어차피 모든 일은 행복한 삶을 살고자 하는 것인데 그 여정이 행복했으니까. 그게 현재를 즐기는 거라는 생각이 들었어."

사업에 성공하고 싶은 이유도 결국 행복한 삶을 원하기 때문일 것이다. 사업을 하는 과정이 즐겁고 행복했다면, 내가 원하는 결과에 꼭 닿지 않아도 목적한 바를 이룬 셈이 된다. 내가 현재를 즐길 수 없는 일을 하지 않는 이유가 여기에 있다. 현재를 즐기지 못했는데 결과까지 실패라면 너무 큰 리스크를 지는 것이 아닌가. 결과가 실패라도 그 과정을 즐겼다면 반 이상은 무조건 성공이다.

그래도 실패가 두렵다면

"저는 지금 개인 사업을 시작했는데 마음이 조급해요. 앞으로 잘 안 될까 봐 걱정이 되고요. 뭔가 해야 할 일이 많은데 제가 안 하고 있는 것 같아요. 실패하지 않기 위해 계속 노력해야 할 것 같고, 밤낮없이 불안하고 맘 편히 쉬지도 못해요. 아직 사업을 시작한 지 얼마 되지 않아서 그런 거겠죠?"

사람마다 처한 상황은 다르다. 그것에 따라서 어떤 사람은 해야 할 일이 더 많다고 느끼거나 그렇지 않다고 느낄 수 있다. 나도 처음 창업했을 때는 지금보다 할 일이 더 많다고 느꼈다. 지금은 내 기준에서 봤을 때 능력을 갖추고 있고, 수입도 충분하기 때문에 급할 것이 없다. 그러나 그때는 생계를 책임져야 했는데 내 능력이 부족해서 지금보다는 조급했다. 자신에게 주어진 시간보다 해야 할 일이 많다고 느낄 때 사람들은 조급해한다. 이때 해야 할 일에 대한 기준을 스스로 정하는 것이 중요하다. 나는 처음 창업을 할 때 '한 달에 150만 원 수입'을 얻기 위해 성장해야 한다는 기준을 스스로 정했다. 스스로 세운 기준이 없으면 300만 원이든, 400만 원을 벌든 끝도 없이 조급하고 불안할 것이다.

그 다음에는 '하루에 내가 할 수 있는 노력'에 대한 기준을 정한다. 한 달에 150만 원을 벌 수 있을 때까지 꽤 시간이 걸릴 텐데 몇 달, 몇 년의 시간 동안 매일 조급하고 불안하게 살 수는 없다. 그 시간도 나의 소중한 삶이다. 그래서 노력의 상한선을 정하는데, 내 경우에는 그것이 하루 8시간이었다. 자신이 정한 기준만큼 성장하기 위해 최선을 다하되 하루에 8시간 이상 일을 하지는 않는다. 그 기준을 정한 이유는 경험해보니 하루 8시간 이상 일하면 지치고, 그것을 지속할 때 스트레스가 지나치게 커지기 때문이다. 또한 자신의 능력을 활용하고 향상시켜야 한다는 이유만으로 일 외의 개인 사생활을 모조리 방치할 수는 없다.

나에게 급하게 이룰 목표가 있다고 해도, 그것을 위해 하루에 정해둔 상한선 내에서 최선을 다한다면 조급해야 할 이유가 없다. 어차피 나는 내가 할 수 있는 만큼 한다. 그것이 내가 할 수 있는 최선이기 때문이다. '걱정이 키 한 치를 늘려주지 못한다'라는 성경 구절처럼 내가 할 수 없는 것을 욕심내며 나를 괴롭히지 말자.

우리나라는 전 세계적으로 삶의 속도가 빠른 나라다. 이탈리아 철학자 프랑코 베라르디는 한국 사회의 특징으로 '끝없는 경쟁'과 함께 '생활 리듬의 초가속화'를 언급했다. 주변의 빠른 속도에 부담을 느끼며 나도 더 빨리 가야 하지 않을까 걱정할 때도 있다. 이렇게 마음이 조급해질 때면 '일부러 느리게 사는 연습'을 한다. 잠시 멈추고, 깊은 숨을 쉬며, 차분한 클래식 음악을 듣기도 한다. 좋아하는 책을 천천히 읽고, 여유롭게 필사하기도 한다. 나를 조급하게 만드는 일들을 줄인다. 그렇게 나만의 속도를 찾아간다. 평생 조급하고 불안한 마음으로 사는 건 내가 원하는 삶이 아니라는 걸 알고 있으니까.

“당신의 선택들이 당신의 두려움이 아닌,
희망으로부터 나오게 하십시오.”

넬슨 만델라

PART 4

돈보다 시간 부자로 산다는 것

"남 눈치 보느라 더 이상 인생을 낭비하지 않겠습니다.
어차피 인생 운전은 셀프니까요!"

재미가 전부는 아니었다

내가 원하는 삶은 무엇일까

어느 순간부터 상대와 나를 비교하는 일이 정말 싫었다. 다른 사람보다 내가 못나다는 생각에 우울해지는 것도 내가 더 낫다는 걸로 위안 삼는 것도 마음에 들지 않았다. 남들보다 더 잘 살기 위해 노력하는 것도 싫었다. 명확한 이유는 모르겠다. 지나친 경쟁을 경험하면서 그런 것들에 정이 떨어졌을까? 남들을 누르고 어떻게든 위로 올라가려고 하는 다른 사람들의 모습이 못마땅하게 보였을까? 다른 사람과 비교하며 현재를 오롯이 즐기지 못하는 내 모습에 짜증이 났을까? 어떤 이유에서든 나는 그런 모습을 좋아하지 않게 됐다.

비교나 경쟁하지 않으면서 함께 잘 살고 싶다. 경쟁하지 않고 서로 돕는 친구가 되고 싶었다. 즐거움을 나누고 서로 아껴주는 사람들이 주변에 가득하길 바랐다. 이것이 내가 나아가야 할 방향이며, 나와 내 주변 사람들이 행복하게 살 수 있는 길이라는 확신을 점점 더 갖게 됐다. 비교와 경쟁은 행복하게 살아가는 방법이 아니라는 것을 굳게 믿었다.

"내가 살고 싶은 삶은 뭘까?"라고 다시 질문을 던졌다. 예전에는 경험을 많이 해보지 못해서, 가능한 색다른 일을 겪으며 살고 싶은 게 꿈이었다. 내가 꿈꾼 대로 몇 년 동안 다양한 경험을 해보았다. 그리고 나서 내가 꿈꾸는 삶을 다시 떠올려봤는데, 전과 조금 달라졌다.

해외여행을 다니고, 맛있는 음식을 먹으며 취미생활을 하고, 흥미로운 경험을 하는 삶을 머릿속으로 그려볼 때, 왠지 모르게 아쉬움과 허전함이 교차했다. 여행과 취미생활이 부족해서가 아니었다.

여행을 더 자주 다니고 고급스러운 음식을 먹는 것이 내가 바라는 것인가에 대한 의문이 들었다. 내가 살고 싶은 삶은 재미만을 추구하는 것은 아니었다.

이런 생각을 하던 중에 나는 특별한 경험을 하게 된다. 생각과 경험 중 어느 쪽이 먼저이고, 어디가 나중인지는 잘 모르겠다. 꽤 오랜 시간 동안, 내 생각과 경험이 서로 교차되며 어떤 깨달음을 안겨줬다.

21세 때 용범이란 친구를 만났다. 남자친구와 봉사활동을 하는 게 당시 버킷리스트 중에 하나여서, 남자친구와 함께 한빛맹학교를 찾아갔다. 남자친구와 나는 각각 한 명의 시각장애 학생에게 영어를 가르쳤다. 내가 가르친 아이가 고등학생 용범이었다. 그는 성격이 활발했고, 나와의 수업에 적극적으로 참여했다. 시각장애를 갖고 있는데도 밝고 유쾌한 성격이라 기특하다고 생각했고, 도움을 주고 싶긴 했지만 마음뿐이었다. 그의 삶에 깊이 개입하진 않았다.

봉사활동 기간이 끝나고 1년에 한 번 정도 만나 밥을 사주기는 했지만 그 이상의 잦은 교류는 없었다. 나는 그 친구를 자주 만나야 할 특별한 이유가 명확히 없었다. 필요에 의해 만나야 하는 관계도 아니었기에 용범이가 날 찾지 않았다면 점점 멀어졌을 것이다. 그때 나의 '인간관계'에 대한 생각은 딱 그 정도였다.

반면 용범이는 나에게 오랫동안 연락을 해오고 있었다. 가끔 전화가 오면 이런저런 대화를 나눴다. 보통은 용범이가 안부를 묻고, 때때로 자신의 고민을 털어놓는 식이었다. 용범이는 나와 남편을 좋아했고, 언제나 우리의 삶이 부럽다는 이야기를 했다. 나중에는 용범이가 심리적인 어려움도 겪게 되면서 대화 내용이 점점 부정적으로 흘러갔다. 나는 용범이의 마음을 이해하기 어려웠다. 처음에는 괜찮았지만 통화 횟수가 늘어날수록 귀찮아지기도 했다. 어느 날 답답한 마음에 이렇게 말했다.

"용범아, 왜 이렇게 부정적인 것에만 초점을 맞춰? 다른 좋은 것도 많은데 네가 너무 부정적으로 생각하는 것 같아!"

부정적인 이야기를 반복해서 듣는 것이 답답하여 이에 대한 해결책을 찾고 싶어졌다. 용범이뿐 아니라 나를 위해서라도 이 이야기를 되풀이해서 듣지 않으려면 해결 방안이 필요했다. 용범이의 상황을 최대한 현실적으로 파악하기 위해 이런저런 질문들을 마구 던지기 시작했다.

"너는 하루를 어떻게 보내고 있니? 아침부터 저녁까지

너의 일상을 한 번 말해봐. 부모님은 무슨 일을 하시니? 퇴근하시면 집에 몇 시쯤 들어오셔? 가장 친한 친구는? 너의 형은? 너는 누구랑 함께 시간을 보내고 있어? 너는 요즘 어떤 일을 하고 있어?"

"엄마랑 아빠는 시장에서 일해. 아빠는 새벽에 나가고. 엄마는 늦게 나가서 늦게 들어와. 거의 하루에 15시간 넘게 일하는 거 같아. 형은 맨날 밖에 있어. 난 맨날 집에 있는데 할 일도 없고. 뭘 해야 할지도 모르겠어. 솔직히 왜 사는 건지도 모르겠어. 나는 누나처럼 결혼하고 가정을 꾸리는 게 꿈이야. 그런데 나랑 결혼하려는 사람이 있을까? 돈을 많이 벌지 않는 이상 나랑 결혼할 사람은 없을 것 같아. 근데 돈을 벌기 위해서 내가 뭘 할 수 있을까? 우리 사촌 형은 시장에서 일하는 게 정말 힘들다고 하지만 나는 내가 눈이 보여서 시장에서 일할 수 있었으면 정말 좋겠어. 어떤 일이든 해보고 싶지만 그럴 수 없으니까…. 누나, 사업은 어떻게 하는 거야?"

용범이의 대답을 들으면서 나는 가슴이 내려앉았으며 눈물이 났다.

'아, 이 친구가 부정적인 것에만 초점을 맞추는 것이 아

니라 누구라도 이 상황이면 그럴 수밖에 없겠구나. 용범이의 잘못이 아니야.'

드디어 나는 그의 마음에 진심으로 공감하기 시작했다. 나에게 용범이는 수많은 지인 중 한 명이었다. 마찬가지로 용범이에게도 내가 수많은 사람 중 한 명이라고 생각했다. 누군가 용범이를 잘 돌봐주고 신경쓰는 사람이 있을 것이고, 그의 삶에 깊이 관여하는 것은 내 일이 아니라고 여겼다. 그런데 용범이에게 나는 수많은 지인 중 한 명이 아니었다. 가끔이라도 연락할 수 있는 몇 명 안 되는 사람 중 한 명이었다.

나는 시각장애인으로 살아가는 어려움을 조금도 공감하고 있지 못했다. 그의 가족과 지인들은 용범이에게 많은 시간을 할애할 수 없었다. 그러나 그에게는 힘과 용기를 주며 길을 보여주고 함께할 수 있는 사람이 절실하게 필요했다.

"이건 나밖엔 없어. 나만이 할 수 있는 일이구나!"

그때부터 나는 '용범이의 행복 만들기'라는 나만의 프로젝트를 시작한 셈이다. 어떻게 해야 용범이에게 실질적인 도움을 줄 수 있을지 계속 고민했다. 이 일은 생각보다 쉽지 않았다. 시각장애를 가진 사람이 할 수 있는 일이나 활동이 제한돼 있었다. 또한 중학생 때부터 시각장애를 갖고 살아온 그에게 이 세상은 계속해서 '능력 있고 성공한 사람만이 가치 있는 인생을 산다'는 생각을 주입시키고 있었다. 이것이 잘못된 생각이라는 것을 용범이와 함께하면서 강하게 느낄 수 있었다. 능력 있는 사람이 되기 위한 사다리는 용범이에게는 너무나도 가파르고 거리도 멀어 닿을 수조차 없어 보였는데, 그는 이것만이 유일한 해결책이라고 생각하는 듯했다. 나는 실질적인 도움을 주는 것 외에도 인생의 깊은 문제들을 나누었고, 내 생각을 전했다.

"용범아, 능력이 있고 성공한 사람만 가치 있는 삶을 사는 것은 아니라고 생각해. 사람들은 누구나 사랑받고 싶어 해. 그리고 누구나 사랑해줄 수 있는 마음은 있어. 네가 누군가를 아껴주고 사랑해줄 수 있다면, 너는 충분히 가치 있는 사람이야. 다른 사람의 좋은 친구가 되어줄 수 있다면 그걸로 충분해. 너는 나를 좋아해주고 있지? 나는 거기서 행복을 느껴. 그러면 너는 가치 있는 사람이야. 꼭 성공하고 능력 있는 사람이 돼야만 할까? 그리고 그렇지 못한 사람은 패배자가 되는 거야? 이건 틀렸다고 봐. 100명 중에 100명이 모두 성공한 사람이 될 수는 없어. 이건 상대평가야. 이 상황에서는 누구든지 뒤떨어지는 사람이 생기게 돼. 용범이가 능력 있는 사람이 되는 게 중요한 게 아니라 누군가를 사랑해줄 수 있는 사람이 되는 게 더 소중하다고 생각해."

겉보기에 용범이에게 필요한 것은 건 직업을 갖는 것이었다. 하지만 그의 행복을 위해 중요한 것은 따로 있다는 걸 점차 느꼈다. 용범이가 정말 힘든 이유는 관계의 단절 때문이었다. 시각장애로 인해 고등학생 때부터 일반 학교를 다니지 못하면서 사람들과의 거리도 멀어졌다. 통계에 따르면 우리나라의 장애인 수는 250만 명이 넘는다. 하지만 장애인 친구를 가진 사람은 생각보다 많지 않을 것이다. 누군가와 친구가 되기 위해서는 상대방이 용범이를 위해 약간의 희생 내지는 도움을 줄 의향이 있어야만 가능하다.

예를 들면, 우리는 주로 용범이를 포함해 네 명이서 함께 노는데, 같이 놀 때면 그가 참여할 수 있는 일을 하고자 한다. 걷거나 밥을 먹을 때 도움이 어느 정도 필요한데, 친구라면 충분히 해줄 수 있다. 그러나 분명 요즘처럼 다들 바쁘고 시간이 없는 때에, 내가 도움을 받는 것이 아니라 도움을 주는 입장에서의 만남을 지속하기란 쉬운 일이 아니다. 나는 용범이에게 가장 필요한 것은 그런 '친구 관계'의 물꼬를 터주는 것이라 판단했고, 블로그를 통해 사람들을 많이 만날 수 있게 하는 프로젝트를 시작했다.

사람은 사람이 필요해

"그 책에 등장하는 시련에 빠진 주인공이 바다에서 자살을 시도하는데 어떤 사람의 도움으로 겨우 구출돼. 누나가 나를 구원해준 것처럼."

용범이는 어떤 책의 줄거리를 말하다가 내게 이런 말을 해서 감동을 안겨줬다. 봉사하는 사람들이 으레 하는 말이라 식상하게 들리겠지만 나는 더 많은 것을 돌려받았다. 나는 조건 없이 용범이에게 도움을 줬고, 그도 조건 없이 나를 좋아해준다. 평가나 판단하지 않으며, 그 자체로 사랑의 대상이 되는 기분은 특별하다. 용범이는 내가 힘들 때 기운을 북돋아주기도 하고, 특별한 날에는 맛있는 음식을 사주기도 한다. 내가 용범이와의 관계에서 깨닫고 배운 것은 몇 페이지로도 다 표현하기 어려울 정도다.

누군가의 도움 없이 혼자 살 수 있다고 자신하는 사람이 있는가? 나는 약한 존재다. 언제나 무너지거나 다칠 수 있으며 넘어질 수 있다. 마음이 힘들고 울적하거나 스스로 해결할 수 없는 어려운 상황을 만났을 때 옆에 있어 줄 누군가가 우리 모두에게는 필요하다.

좀 이상한 얘기 같지만 나는 종종 남편이 살아 움직이는 것(?) 자체가 좋다. 뭘 해서 좋은 게 아니라 그 사람이 내 옆에 있는 게 좋은 거다. 우리는 종종 곁에 있는 사람의 소중함을 느끼지 못한다. 사람을 귀하게 여기지 않아서 많은 문제가 생긴다. 하지만 사람은 사람이 필요하다.

재미만으로 내 삶이 다 채워지지 않는다는 걸 느낀 이유가 여기에 있었던 것 같다. 나 혼자 재밌고, 나 혼자 잘 살고 싶지는 않았다. 재미와 다양한 경험도 감사하게 즐기면서, 사람을 소중히 여기고 누군가에게 힘이 되는 삶을 살고 싶다.

한 달에 1,000만 원 벌고 싶지 않아?

돈 욕심이 왜 그렇게 없냐고요?

"어떻게 그렇게 욕심이 없어요?"

"어떻게 하면 욕심이 줄어들까요? 나도 가족과 보내는 시간이 소중한 건 알겠는데 돈을 더 벌어야 한다는 생각도 들어서, 마음처럼 잘 안돼요."

한동안 나는 이런 질문을 많이 받았다. 나는 내가 욕심이나 승부욕이 별로 없는 편인 걸 안다. 축구 경기를 볼 때도 상대편보다 우리가 응원하는 팀이 큰 점수 차이로 이기면 괜히 미안해지곤 한다. 우리 편이 지는 날엔 '상대편이 이길 때도 있어야지'라고 생각한다. 그냥 돌아가면서 공평

하게 이기는 게 좋다.

“우리 다른 게임할까? 너가 재미없을 것 같은데.”

“아니, 나 너무 재미있게 하고 있는 걸.”

친구들과 카트라이더 게임을 할 때면 항상 꼴찌이지만 그 게임을 재밌게 즐긴다. 꼴찌라도 신나게 달리거나 지난번 게임보다 좀 더 잘 달리면 그것만으로도 기분 좋다. 계속 꼴찌해도 괜찮다. 게임 밖 세상에서도 비슷하다. 이런 기질이 반드시 좋다는 것은 아니다. 그만큼 의욕이나 욕구가 낮다는 의미일 수도 있다. 그래서 나는 더 열심히 일을 해야 할 이유를 찾는 데 애를 먹기도 한다. 남들보다 앞서고 싶다거나 더 많은 돈을 벌고 싶다는 마음만으로는 동기부여가 되지 않는다. 일 자체를 즐기거나 봉사와 배움 등의 다른 이유가 필요하다. 그래서 내가 남편에게 종종 하는 질문이 있다.

“왜 돈을 더 벌어야 하지? 일은 왜 하는 걸까? 일을 더 열심히 해야 하는 이유는 뭘까?”

돈에 대한 욕심은 아마도 상대적일 것이다. 보통 사람들과 달리 나는 부자가 되고 싶다고 생각한 적이 거의 없다. 우리 집은 외벌이 공무원 가정이었으며 부유한 편은 아니었지만 불만은 전혀 없었다. 시기에 따라 차이는 있겠지만 약 200~300만 원의 월급으로 4인 가족이 살아왔기 때문에 나는 항상 그 정도 수입이면 한 가정을 꾸리는 데 충분하다고 생각해왔다. 그리고 나도 한때 공무원의 삶을 꿈꿨기 때문에 그 정도 수입을 생각해왔다. 더 많은 돈을 벌고 싶은 마음도 없었고, 더 많은 돈을 버는 삶을 상상도 하지 못했다. 무엇보다 내가 많은 돈을 벌 능력이 있다고도 생각한 적 없었다. 그렇게 적당히 먹고살면 된다고 생각했기 때문에 용기 있게 사업을 선택할 수 있었다.

"창민아, 수입이 계속 늘어나네. 우리 이러다가 1,000만 원도 벌 수 있겠는 걸?"

"응. 이대로 계속 가면 충분히 가능할 것 같네."

"정말 신기하지 않아? 나는 내가 이렇게 돈을 많이 벌 수 있을 거라고는 상상도 못했어."

돈을 많이 벌기 위해 사업을 한 것이 아니었는데, 사업을 시작한 후 수입이 점점 늘어났다. 월급을 받는 직장인이었다면 다음 달에 갑자기 수입이 늘어나는 것은 어렵지만 사업을 하다 보니 가능했다. 노력하는 만큼 수입이 늘어나기도 하지만, 때로는 투자하는 시간과 수입이 꼭 비례하는 것도 아니었다. 어느 달에는 더 많은 고객이 유입되어 더 많은 수입을 얻기도 했다. 종종 우리 둘이 합친 수입이 1,000만 원을 초과할 때도 있었다. 나의 매월 수입이 동일하진 않았지만 평균 200~500만 원 수준이었다. 전체적으로 내 기준에서는 풍족한 편이었고, 돈을 지금보다 더 벌고 싶다는 생각을 하지 않게 됐다.

나에게 언제나 돈은 수단이었다. 돈 자체가 목적이 된 적은 없었다. 늘어난 수입을 바라보면서 뿌듯해하며 시간을 보내고 싶은 게 아니었다. 돈을 다른 무언가와 교환하지 않는다면 돈이라는 물질 자체는 아무런 쓸모가 없는 종이에 불과하기 때문이다. 내가 하고 싶은 일을 하는 데 지금 가진 돈과 수입만으로 충분하다. 내가 하고 싶은 일은 소중한 사람들과 즐거운 시간을 갖고, 이따금 여행을 하는 거라 큰돈이 필요한 것은 아니다. 그렇기 때문에 나 혼자 독점하지 않고 사람들과 적절하게 나눠 쓰고 싶다. 내가 죽을 때까지 필요한 돈을 죽을 때까지 벌고 싶다. 내가 평생 쓸 돈이 10억 원이라면 평생에 걸쳐 10억 원을 벌면 된다.

내가 정말로 욕심내는 것

창업 후 시간이 지나면서 내가 좀 더 노력하고 일하는 시간을 늘린다면 200~300만 원의 추가 수입을 올리는 것은 충분히 가능했다. 더 많이 노력한다면 나 혼자서도 1,000만 원을 벌 수 있겠다는 계산이 됐다. 그러나 지금 내가 500만 원을 벌고 있는데 더 노력해서 500만 원을 더 벌어야 할 이유가 명확하지 않았다. 500만 원도 나 혼자 쓰기에는 정말 넘치는 돈이니까. 내가 별로 신경 쓰지 않고 돈을 써도 한 달에 150만 원 이상 쓰기가 쉽지 않다.

"만약 기연씨가 사회에 공헌하는 일을 하고 싶다면, 돈을 더 많이 벌어서 그걸로 좋은 일을 하면 되지 않을까요? 먼저 사업을 더 크게 성장시키고 나중에 하고 싶은 일을 마음껏 하면 어때요?"

이런 말도 종종 듣는다. 그러나 나는 돈을 벌기 위해 노력하는 일이 별로 즐겁지 않다. 사업을 더 키우기 위한 고민과 돈을 더 벌기 위한 노력은 내가 하고 싶은 일이 아니다. 다른 사람들을 돕기 위해서 내 즐거움을 반납할 정도로 희생적이지 않다. 나도 좋고 남도 좋은 일을 하고 싶다. 사업의 규모를 키우고 돈을 버는 일이 즐겁다면 그것으로 사회에 기여해도 괜찮지만 내 성향과는 맞지 않다고 판단했다. 또한 금전적 지원의 영역도 있지만, 시간 투자를 통해 도울 수 있는 영역도 있다. 나는 남는 시간에 초과 근무하는 것보다 도움이 필요한 사람과 시간을 함께 보내며 따뜻한 사랑을 나누고 싶다. 살다가 돈을 더 벌어야 할 명확한 이유가 생긴다면, 돈을 벌기 위해서 노력하겠지만 지금은 일단 그렇다.

내가 언제나 욕심이 없는 것은 아니다. 나는 시간과 삶에 대한 욕심이 있다. 어차피 살 거라면, 하고 싶은 일을 하면서 행복하게 살고 싶다. 가족들이나 친구들과 함께 웃을 수 있는 시간 확보에 대해 욕심을 갖고 있다. 지금은 자유로운 시간이 충분하기 때문에 더 많은 시간을 욕심낼 필요가 없을 뿐이다. 만약 내 시간을 다시 뺏기게 된다면, 나는 반드시 시간을 지키기 위해 노력하며 남의 행복을 짓밟지 않는 선에서 내 행복을 마음껏 욕심부릴 것이다.

N잡러의 시간관리법

열정과 느슨함 사이

"안녕하세요~."

"좋은 아침입니다!"

우리 회사는 주 35시간 근무제이다. 아침 9시에 집에서 노트북이나 데스크탑 컴퓨터로 일을 시작한다. 그랩Grap이라는 어플로 소통을 하고 있어서, 아침 9시면 메시지로 인사를 나눈다.

나 역시 이 시간에 맞춰서 재택근무를 한다. 집에서 일을 하면 집중이 잘 안 되거나, 게을러지지 않냐는 질문을 많이 받는다. 분명 그런 면이 있다. 하지만 나는 게을러지는 것 자체는 큰 문제는 아니라고 생각한다. 고객과의 약속을 미뤄서 피해를 주지 않는다면 말이다. 오늘 할 일을 내일로 미루는 일도 자주 있지만, 그럴 땐 미룰 만해서 미루는 것이다. 미루다가 벼락치기로 할 때도 많지만, 그렇다고 꼭 마무리해야 하는 일을 못할 정도로 미루지는 않는 편이다.

어떤 때는 열정이 생기면 누가 시키지 않아도 열심히 집중하곤 한다. 목적이 있으면 열심히 하게 되고, 그것이 없으면 느슨해질 수도 있다. 목적이 없는데 열심히 할 필요는 없다고 생각한다. 내몸은 기계가 아닌데 매 순간 똑같은 상태를 유지할 수는 없으니까. 열정이 있을 때 더 바짝 일하고, 몸 상태가 안 좋거나 하고 싶지 않을 때는 적당히 조절해서 하는 편이다. 만약 너무 게을러져서 해야 할 일을 제대로 못하는 것 같다면 환경을 바꿔서 일에 집중해보기도 한다. 다행히 우리 회사 직원들은 지금까지 재택근무하는데 큰 문제가 있는 것 같지는 않다.

사업이 어느정도 자리를 잡고, 직원을 뽑으면서 오히려 내가 회사 업무에 사용하는 시간은 더 줄어들었다. 업무가 체계화, 분업화되면서 같은 효율의 일을 하는데 점점 더 적은 시간이 걸리게 되었기 때문이다. 현재 나는 하루 3~4시간만 캐스전화영어, 유튜브 등의 업무를 하고, 그 외의 시간에는 하고 싶은 일들을 한다.

내가 시간관리 하는 방법은 사실 시간을 관리하지 않는 것이다. 시간보다는 일을 기준으로 관리한다. 올해, 상반기, 이번 달에 내가 해야 하는 일이 뭔지 생각한다. 만약 올해의 목표가 책을 집필하는 일이라면 이번 달에 써야 할 원고 분량을 대충 계산한다. 그리고 오늘 해야 하는 일이 뭔지 정한다.

"오늘 해야 할 일은 원고 한 챕터 쓰기, 유튜브 영상 편집하기, 영어공부 하기!"

아침에 일어나면 비교적 간단하게 하루의 계획을 세우는 편이다. 시간별로 나눠서 세세하게 계획하지 않고, 몇 가지 해야 할 일만을 기억한다. 가장 중요한 한 가지를 꼽는다면 바로 '최소한 꼭 해야 하는 일'을 생각하는 것이다. '원고 한 챕터 쓰고, 영상 편집만 하면 다른 건 해도 되고 안 해도 된다' 이런 식으로 생각한다. 꼭 해야 하는 일을 많이 만들지 않아야 실행력이 더 높아진다. 너무 많은 계획을 세우면 의욕이 떨어져서 더 이상 하고 싶지 않다.

어릴 때도 비슷한 경험이 있지 않은가? 엄마가 "숙제 10분만 하고 나서 마음껏 놀아!"라고 하면 10분간은 정말 열심히 공부할 수 있다. 그러나 "3시간 공부하고 마음껏 놀아!"라고 하면 공부하고 싶은 마음이 사라져서 그냥 놀아버린다. 성인들도 집중할 수 있는 시간은 생각보다 길지 않다. 3~5시간 열심히 집중해서 일하는 게 8시간 일하는 것보다 나을 수도 있다고 생각한다. 오늘 꼭 해야 할 일만 해내면 그 다음에는 자유롭게 시간을 보내고자 한다. 어떤 날은 오늘 꼭 해야 할 일을 끝내고도 계속 좀 더 일하고 싶을 때가 있고, 어떤 날은 쉬거나 다른 게 하고 싶을 때가 있다. 1년 계획을 세울 때도 하루의 계획을 세울 때와 비슷하다. 가장 핵심이 되는 목표 2~3가지만 기억하고자 한다.

"올해는 책 집필 잘 마무리하고, 유튜브랑 전화영어 사업을 계속 유지하면서 사람들과 여행 많이 다니고, 봉사 경험 늘리기. 그리고 운동 좀 많이 하자! 혹시 뜻대로 안 되면 다른건 다 못해도 소중한 사람들과 시간 보내기, 책 원고 잘 쓰고, 운동만 많이 하면 좋겠다."

변화 있는 삶을 위한 시간관리법

성장을 원한다면 실행을 더 하면 된다. 실행을 제대로 하고 있는지 여부는 '변화하고 있는지'를 보면 된다. 나는 전화 영어 홈페이지에서 어떤 점이 바뀌었는지, 새로운 후기나 이벤트가 있었는지, 유튜브에 영상 업로드를 비롯해 강연 자료를 만들었는지 등을 주기적으로 확인한다. 사실 이런 변화를 만드는 데 가장 좋은 방법은 일단 일을 저지르는 것이다.

— 제가 전부터 농사에 대한 강의를 하려고 생각했는데요. 저란 사람이 참 게을러서 생각만 하다 보니 1년이 금방 지나가더라고요. 정말 이 일을 해야 한다면 가장 좋은 방법은 '일단 모집' 하는 거예요. 수강생을 모집하고 나면 똥줄이 탑니다. 한 달 남아도 준비 안 하고요, 2주 남아도 안 하고, 3일 전부터 열심히 준비합니다. 제가 아무리 게을러도 강연 전까지는 어떻게든 준비하게 되더라고요. 이렇게 안 하면 절대 강의 못합니다.

친하게 지내고 있는 분들 중 나무 농사를 하고 있는 '정부부'(블로그 닉네임)님이 있다. 자신의 실행 노하우를 공개했는데, 내 생각과 거의 비슷했다. 내가 강연을 시작하게 된 계기와도 비슷했다. 정말 무언가를 실행해야 한다고 생각하면 준비가 되지 않았을 때 미리 사람들에게 말하고 일을 저질러버리면 된다. 그러면 반드시 실행을 하게 된다.

예를 들어, 유튜브 업로드를 미루게 된다면 유튜브 구독자들에게 "O월 O일에 이 주제로 영상을 업로드 하겠다"라고 먼저 공개해버리는 방법이 있다. 또 다른 예로, 캐스전화영어 회원들에게 새로운 이벤트를 하는 경우 준비가 되지 않았더라도 미리 공지하면 된다. 그러면 일정에 맞춰 하게 된다. 물론 "저는 유튜브에 구독자가 없어서 말해도 소용없는데요" 하는 분들도 있을 것 같다. 그럼 지인들에게라도 자주 말하거나 공동 작업을 해보는 것도 좋다. 책도 마찬가지다. 내가 출판사와 계약하지 않았더라면 이렇게 원고를 쓸 수 있었겠는가! 혼자 열심히 써보겠다고 백날 생각해도 쓰기 쉽지 않다.

예상했겠지만, 그렇다고 나는 이렇게 '해야 할 목록'을 많이 만들진 않는다. 내가 스트레스를 받지 않는 지점과 꼭 실행해야 하는 지점을 정해놓는 것이다. 요즘 나는 임신을 해서 주로 하는 일이 책 집필이며 유튜브에 영상을 1~2주에 하나 정도만 업로드 하고 있다. 이럴 때엔 꼭 필요한 일은 적당하게 설정해두고 하고 싶은 일 위주로 시간을 보내고 있다.

즐겁게 보낸 시간은 낭비가 아니다

나는 시간관리를 꽤 잘하는 편이다. 이 말은 내가 시간을 촘촘하게 아껴서 사용한다거나 언제나 유용하게 관리한다는 뜻은 아니다. 나에게 기상 시간을 묻는 사람들이 많은데 나는 아침 8~9시 사이에 일어난다. 잠은 평균 8시간 넘게 충분히 잔다. 그 이외에 그냥 쉬면서 보내는 시간도 정말 많다. 어떤 사람은 TV 시청이 시간 낭비라고 하는데 난 드라마도 좋아하고 남편과 함께 예능프로도 즐겨 본다.

"즐겁게 낭비한 시간은 낭비가 아니다"라는 존 레논의 말처럼 즐겁게 보내는 시간은 낭비가 아니기 때문에 나는 시간관리를 꽤 잘하고 있다. 대부분 시간을 내가 원하는 일을 하는 데 사용한다. 하고 싶지 않은 일을 억지로 하거나 싫은 사람과 함께 일을 하지 않아도 되고, 하고 싶은 일을 먼 미래로 미루면서 살고 있지도 않기 때문이다. 1분을 아껴가며 열심히 공부하거나 워커홀릭인 사람이 시간관리를 잘하는 것이 아니다. 하루를 즐겁고 만족스럽게 보내는 사람이 시간 관리의 달인이다. 또한 시간을 잘 보낸다는 것은 충만한 인생을 살고 있다는 말과 동의어라고 생각한다. 시간은 즉 인생과 같은 말이라고 생각하기 때문이다. 인생을 낭비하고 싶지 않다면 우리는 나중이 아닌 바로 지금, 의미 있고 행복한 시간을 보내야 할 것이다.

나는 나고
너는 너인 걸!

꼰대가 생기는 이유

내가 아이를 낳고 싶다고 생각한 이유가 몇 가지 있다. 사랑을 주고 싶기 때문이다. 나의 가치관을 재정립하면서 사랑을 주고받는 것이 내 인생에서 가장 가치 있는 일이라고 생각하게 됐다. 내가 사랑을 받는 것은 내가 아닌 남이 결정하는 것이다. 나를 사랑하라고 다른 사람에게 강요할 수 있는 일이 아니니, 내가 할 수 있는 일은 사랑을 주는 일뿐이다. 사랑을 주는 게 행복하고, 사랑할 준비가 됐다고 느껴서 아이를 낳고 싶었다. 또한 아이와 함께 성장해나가는 경험을 통해 인생을 깊이 있게 이해하기 위해서다.

다른 사람들을 잘 이해하고, 품어줄 수 있는 넉넉한 사람이 되고 싶다. 그러기 위해서 다양한 경험이 도움될 때가 있다. 예를 들어, 나는 가정 환경의 어려움을 겪어왔기 때문에 그런 상황에 처한 사람을 좀 더 잘 이해할 수 있다. 물론 경험이 없다고 해서 상대방의 상황을 이해하지 못하는 것은 아니다. 그러나 내가 겪어보지 않은 일을 상상하고 상대방의 감정에 공감하는 것이 절대로 쉬운 일은 아니다.

나 역시 경험하지 못한 일은 이해하기 어려울 때가 많다. 임신하기 전에는 임신했을 때 어떤 감정이며 어떤 생각을 하게 되는지 와닿지 않았다. 그런 면에서 가능하면 직간접적인 경험을 통해 다양한 사람들과 그들의 삶에 대한 이해를 넓히고 싶다. 여러 나라를 여행하면서 각기 다른 삶의 모습을 보면서 나도 모르게 갖고 있던 고정관념이 깨질 때가 많았다. 물론 아이를 낳고 키워야만 세상을 이해할 수 있다고 생각하는 것은 전혀 아니다. 우리는 어차피 세상의 일부만을 경험하면서 살아갈 수밖에 없다. 아무리 수많은 일을 겪었다고 해도 자신이 한 경험만을 기준으로 다른 사람을 볼 수밖에 없다. 더 중요한 것은 그 사실을 알고 다른 사람의 상황을 이해하기 위해 노력하는 마음이다.

사실 경험이 많다고 해서 이해심까지 넓어지는 것은 아닐 수 있다. 경험이 많아지는 동시에 이해심이 넓어지려면 전제가 필요하다. 나와 상대방의 경험이 동일해보이더라도 어떤 모습으로든 다르다는 것을 인지해야 한다.

"내가 결혼을 해봐서 말인데, 결혼생활에서 제일 중요한 건 바로 이거야!"

"내가 직장생활을 꽤 오래 해봐서 말인데, 그 상황에서는 너가 잘못한 거지. 직장생활은 그렇게 하는 게 아니야."

"사업은 말이야 이렇게 하는 거야."

내가 결혼을 해봤다고 해도 다른 사람과 나의 결혼생활이 똑같지 않다. 나의 남편은 내 친구의 남편과는 완전히 다른 사람이다. 내가 창업을 해봤다고 해도 다른 업종의 사업에 대해서는 모른다.

이 사실을 이해하지 못하면 꼰대가 탄생하게 된다. "넌 아직 모르겠지만, 내가 살아보니까 말이야" 라는 문장으로 말을 꺼내는 사람은 그와 나의 삶은 여러 부분에서 다르다는 것을 깨닫지 못하고 있다. 부모님들도 그런 실수를 자주 하신다. "내가 살아보니 이 직업이 최고더라" 하면서 진로나 결혼에 지나치게 간섭하는 것이 문제가 되는 건 부모님과 나는 완전히 다른 가치관과 생각을 갖고 있기 때문이다.

누구나 자신만의 인생을 사는 거야

최근 나보다 몇 살 어린 친구가 진로에 대해 질문하자 이런 대답을 들려줬다.

"나는 잘 몰라. 네가 아니라서. 네가 좋아하는 걸 하는 게 좋지 않을까 싶어. 너는 뭘 가장 하고 싶어?"

몇 가지 진로 중 어떤 쪽이 나은지 내 의견을 물었는데, 나는 그 친구가 뭘 하고 싶은지, 지금 마음은 어떤지 알 수 없다. "나는 그냥 그때그때 내가 가장 하고 싶은 걸 선택했어"라고 말했다. 자신의 마음은 자신이 가장 잘 아니까, 결정도 자신이 내리는 것이 좋다고 생각한다. "만약 나의 상황이라면 A가 가장 좋아"라고 말해줄 수는 있지만 그것도 내 선택일 뿐이다. 그런 고민과 선택에 대해 대화를 나누는 것은 좋지만 내 경험을 토대로 그 친구의 감정과 생각이 어떤지 판단할 수는 없다. 내가 그 친구에게 도움을 주기 위해 할 수 있는 일은 그의 생각에 대해 질문을 던지는 것이다.

카카오의 블로그 서비스 브런치에서 '꼰대가 되는 법'이라는 글을 인상 깊게 읽은 적이 있다. 꼰대가 되기 위한 조건은 두 가지 있는데, 자신이 다른 사람들보다 성공했다는 믿음과 다른 사람들도 나와 같은 성공을 원할 거라는 착각에 빠질 때 꼰대가 된다고 한다. 고개가 끄덕여졌다. 나에게 열심히 조언해주는 사람을 만난 적이 여러 번 있었다. 조언해주는 상대에게 미안하지만 나는 그 사람의 사는 방식대로 살고 싶지 않을 수 있다. 내가 원하는 삶의 방향이 아닌데 그렇게 사는 방법을 열심히 가르쳐주고 있는 셈이다. 나는 지금 내가 살고 있는 삶의 방식이 내가 원했던 것임을 안다. 하지만 이 삶을 남도 원한다고 생각하지는 않는다.

"나도 너처럼 살고 싶어."

"저도 기연씨처럼 살고 싶어요."

이런 말들을 들었을 때, "아, 여행 좋아해요? '워라벨'을 성과보다 중요하게 여기는 편인가요? 다른 사람들과 다르게 사는 것에 대한 부담은 없는 편인가요?" 이런 질문들을 던지곤 한다. 여행을 안 좋아하는 사람들도 있다. 성과와 안정성, 커리어를 중요하게 생각하는 사람들도 있으며, 나와 생각이나 가치관이 다른 사람들도 많기 때문에 누구나 나처럼 살고 싶을 거라고 생각하지 않는다. 또한 상대방이 나이가 어리다고 해서 섣불리 조언하지 않는다. 예전에 내가 20대 초반일 때 주변 어른들이 물어보지도 않았는데 조언을 해주곤 했다. "아니, 저 조언 안 구했는데요. 저 안 물어봤는데요…"라고 말하고 싶을 때가 종종 있었다. 나는 후배들에게 무엇이든 가르쳐줘야 하고 모범이 돼야 한다고 생각하지 않는다. 우리나라의 나이 문화는 때론 젊은 사람뿐 아니라 나이 많은 사람도 피곤하게 만든다. 나이에 따른 역할이 생기니까 그것도 부담이다. 우리는 나이와 상관없이 다 같이 인생을 경험하고 있다. 당신도 알지 못한다면 나 역시 마찬가지다. 그리고 각자 다른, 고유한 경험을 하며 살아간다. 어떤 경험을 해본 사람이 자신의 경험이 전부이며 정답이라고 생각할 때 바로 꼰대가 되는 순간이 아닐까. 내 경험은 수많은 사례 중 일부일 뿐이다.

나는 조심하고자 노력하지만 가끔 조언이나 판단을 하는 실수를 할 때가 있고, 예전에는 실수를 더 많이 했다. 단정이나 단언, 그리고 판단하지 않으면서 많은 가능성을 열어 두려고 노력한다. "나는 그랬었는데, 너는 어떨지 모르겠다." 이렇게 말한다면 누구도 상처받지 않는, 따뜻하고 즐거운 대화가 시작될 것이다.

인생 운전은 셀프

누구나 최선의 결정을 내린다

결정이 어려운 이유는 양쪽 모두에 장단점이 있기 때문일 것이다. 누가 봐도 한쪽이 크게 기울었다면 결정이 그리 어렵지는 않다. 무언가에 대해 깊이 고민하고 있다면 어쩌면 우리가 내리게 될 결정은 완전히 틀리거나 맞는 것도 없다는 의미일 수 있다. 내가 결정하기 어려워서 다른 사람의 조언을 들어보면, 사람마다 각기 다른 의견을 말한다. 그러니 누구의 말을 들을지는 결국 내가 선택해야 한다. 어떤 결정이든지 우리는 그것에 대한 결과에 대처하는 법을 배우게 된다. 나쁜 결과를 가져온 선택이었다고 해도 그것을 통해 교훈도 얻을 수 있다.

결정해야 할 순간은 결국 찾아온다. 그 순간이 올 때까지 미뤄뒀다면 꽤 오랜 고민을 했을 거다. 최선을 다했으니 이제는 결정해도 좋다. 지금 나의 지혜로운 선택을 믿을 때다. 누구나 자신의 삶을 주도적으로 이끌어 갈 만큼은 지혜로울 수 있다. 누구도 평생 나 대신 결정을 내려주지는 않으니까 지혜로워져야 한다.

"예전에는 그런 생각을 못해서 실수한 것 같아. 그때는 몰랐는데 지금 생각해보니 그래. 나의 부족했던 점이지. 하지만 그게 그때 나의 최선이었기 때문에 후회는 없어."

누구나 자신에게 최선의 결정을 내린다. 그것이 결과적으로 좋은 선택이 아닐 수 있지만 일부러 최악의 결정을 내리는 사람은 없다. 내가 할 수 있는 최선은 '최선을 다해 결정을 내리는 것'이다. 그랬다면 더 이상 미련은 없다. 나는 후회하는 것을 좋아하지 않고 후회도 거의 하지 않는다. 그 이유는 그때 나의 최선이었기 때문이다. 되돌아보는 것은 좋지만 이미 지나간 일에 후회를 더하며 나를 괴롭힐 필요는 없다. 후회에 빠져 과거에 갇혔던 나를 다독여주자. 나 자신에게 지나치게 엄격하게 대하며 힘들게 하지 말자.

나는 최근에 병원과 출산 방식에 대해 결정을 내려야 했다. 나는 자연주의 출산을 하기로 결정했는데, 어떤 사람들은 그 방식을 반대했고, 어떤 사람들은 지지해줬다. 앞서 말했듯 사람들은 다 의견이 다르기 때문에 그들의 의견에 따라 결정을 내릴 수는 없다. 결국 내가 결정을 내려야 한다. 그동안 충분한 시간을 갖고 천천히 생각할 수 있었는데, 임신 주 수가 차자 이제는 결정을 내릴 때가 됐다. 물론 더 많은 자료를 찾아보고, 더 많은 고민을 할 수도 있겠지만 완벽한 준비란 없다. 지금 내가 할 일은 나의 지혜로운 판단을 믿고 결정을 내리는 것이다. 결정을 내린 뒤에는 긍정적인 결과를 만들 수 있도록 노력하면 된다.

스스로 결정하는 힘

어릴 때부터 크고 작은 결정들을 스스로 내리고, 그 결과에 대해 책임지는 법을 배워야 한다고 생각한다. 그렇게 해야 성인이 되어서 내가 스스로 인생의 선택을 할 수 있다. 어릴 때는 물론이고, 성인이 되어서도 자녀들의 판단력을 믿지 못하는 부모님이 많다. 자녀들의 결정을 자주 바꾸려고 하는 부모님들은 이미 성인이 된 자녀들이 스스로 결정을 내릴 만큼 성숙하지 않다고 생각하기 때문이다.

내가 본 가정들은 대부분 자녀의 의견을 존중하기보다는 부모님의 뜻을 자녀에게 관철하려고 하는 경우가 많았다. 나의 부모님도 자식의 의견을 묻고 스스로 결정하게 내버려두진 않았다. 부모님이 여러 상황에서 대신 결정해주려고 했다. 성인이 되어서도 그랬다.

그런데 부모님들이 이렇게 결정에 끼어들게 되면 자녀들도 자신의 선택에 대해 확신을 갖지 못하게 된다. 나는 유튜브와 블로그를 통해서 청년들의 질문을 많이 받는다. 성인이 된 사람들도 여전히 스스로 선택하는 것을 두려워하는 경우가 많다. 부모님의 간섭 때문에 답답해하고 스트레스를 받는 사람도 많지만 한편으로는 부모님의 선택이 자신보다 현명할 것 같다는 생각 때문에 고민하기도 한다.

지금 현명한 판단을 하는 것보다 누가 결정을 내리느냐가 더 중요하다. 아쉬운 결정을 내린다고 해도 스스로 판단했다는 것 자체가 중요하다. 그래야 다음에 그런 상황이 생길 때 자신에 대해 정확히 알고 결정할 수 있다. 매번 부모님한테 물어볼 수 없는 것 아닌가. 내가 운전을 잘하기 위해서는 운전대를 직접 잡는 것이 중요하다. 매일 옆에서 보고만 있다고 운전 실력이 느는 것이 아니다. 평생 누가 대신 운전해주는 것이 아니라면 내가 운전하는 법을 배워야 한다.

인생은 움직이는거야

사람들이 결정에 대해 두려워하는 또 다른 이유가 있다. 인생은 한 사람의 구불구불한 길이고, 그 사람의 고유한 이야기다. 한 번의 결정으로 인생의 승패가 나뉘는 것이라 여긴다면 결정을 내리는 것이 얼마나 어렵겠는가. 인생은 로또도 아니고 경주도 아니다. 나만의 이야기다. 내 결정으로 나만의 독특한 이야기가 만들어질 것이다. 우리는 각기 다른 이야기를 갖고 있다. 누구의 이야기가 더 멋지고 성공적이라고 할 수는 없다. 인생은 굉장히 복합적이고 다채로운 한 편의 드라마다.

"예전에 그 친구 기억나? 그 친구가 이런 말을 하곤 했는데. 그때 그 친구는 이런 성격이었지. 근데 지금 시간이 지났으니까 또 많이 변했을 수도 있어."

종종 나는 이런 대화를 나눈다. 내가 아는 그 사람이 그 사람의 전부가 아니라고 생각한다. '사람은 안 변한다'라는 말도 있지만, 나는 사람은 변한다고 생각한다. 나 역시 지금까지 많이 변했다. 인생의 길을 걸으면서 생각도 변하고 행동도 바뀌게 된다. 꿈과 현실 사이에서 인생의 터닝포인트를 맞았다면 어떤 길을 갈 것인지 결정을 내려야 한다. 그 결정에 따라 새로운 변화의 길을 걷게 될 것이다.

물론 변화를 원하지 않는 사람도 있겠지만, 나는 변하는 사람이 되고 싶다. 상황이 바뀜에 따라 더 나은 사람으로 성장할 가능성도 열려 있다. 나는 기록하는 것을 좋아한다. 블로그를 통해 나의 예전 글을 읽어 보면 지금과 비슷한 면도 있지만 다른 생각도 엿볼 수 있다.

그때의 나도 내 인생의 일부다. 그런 과정과 변화가 기록되고 돌아볼 수 있는 것이 좋다. 인생이란 계속해서 움직이고 변화하는 유기체이기 때문이다.

자신의 결정대로 걸어가다가, 문제가 생기면 다른 길로 돌아가기도 하고 다시 새로운 결정을 내리기도 할 것이다.

그 과정에서 조금씩 변화하는 나 자신을 발견하면서 걸어가게 된다. 그리고 내 인생에서 펼쳐질 세대별 이야기 그 자체를 받아들이고 사랑할 것이다.

웃음의 기준은 낮게, 짜증의 기준은 높게

남이 아닌 나를 위해서 행복해질 것

"아~ 좋다. 따스해."

나도 모르게 미소 짓게 만드는 따뜻한 햇살을 참 좋아한다. 따뜻한 햇살을 받으면 자연스레 기분이 좋아지듯, 부정적인 감정 역시 이런저런 일로 쉽게 찾아온다. 언제 가장 행복하냐는 질문을 받았을 때 "좋아하는 사람들과 좋아하는 일을 할 때요"라고 대답할 만큼 사람을 좋아하지만 항상 그런 것은 아니다. 이해가 안 되는 사람들도 많다. 특히 일을 하다 보면 그렇다. 내 친구 말로는 자신은 회사를 들어가기 전에는 성선설을 믿었는데 이제는 성악설을 믿는다고 하더라.

전화영어 사업을 하면서 이해할 수 없는 행동을 하는 선생님들도 만났다. 그 외에도 위기를 모면하고자 거짓말을 하거나 책임감 없는 행동을 하는 사람도 만났다. 온라인 상에서는 얼굴을 볼 수 없다는 이유로 상대방이 기분 나쁠 만한 말을 아무렇게나 던지는 사람들도 있다. 때론 다른 사람 때문이 아니라 나 자신에게 화가 날 때도 있다. 또는 내가 누군가의 화를 돋울 때도 있을 것이다.

이런저런 일들에 부정적인 감정이 훅 들어온다. 기쁜 일도 많지만, 성질이 날 만한 일도 한둘은 아니다. 때때로 부정적인 감정의 소용돌이에 빠지는 날도 있다.

이런 감정들에 대해서 나는 한 발짝 뒤로 물러나보고자 한다. 감정에 휘둘릴 때도 많겠지만 되도록이면 내 감정을 인지하려고 한다. 화가 난다고 해서 감정을 억제하지 못한 채 모두 화를 내지는 않는다. 기준을 조금 높여 둔다. 정말 심각한 일이라면 감정을 느끼고 표현하는 것은 자연스럽다. 그런 날도 있을 수 있다. 하지만 생각해보면 사소하고 별일 아닌 일들로 소중한 하루를 부정적인 감정에 쉽게 양보하지는 않으려 한다.

"나도 그런 적이 있었겠지."

"내가 모르는 어떤 사정이 있겠지."

"나는 이해가 안 되지만 사람마다 생각은 다른 거니까."

사람에 대해서 화가 날 때 조금 더 이해를 해보려고 한다. 이는 그 누구도 아닌 나 자신을 위한 것이다. 화도 짜증도 습관이 만든 감정이다. 일어나는 현상은 10%이고, 그에 대한 내 반응이 90%라고 생각한다. 내가 그에 대해 어떻게 생각하고 반응하는지가 실제로 일어나는 일 자체보다 훨씬 중요하다고 생각한다. 좋은 일이 생겼다고 활짝 웃고, 나쁜 일이 생겼다고 한숨 쉬는 것은 너무 단순한 반응이다. 사람은 나쁜 일이 생겨도 웃을 수 있다. "일류는 힘들 때 웃는 자"라는 우스갯소리도 있다.

"어? 내 가방 어디 갔지? 식당에 두고 왔네. 하하. 그럴 수도 있지."

"실수로 이거 망가뜨렸네. 좀 아까운데… 이미 벌어진 일이니 어쩔 수 없지. 역시 나는 마이너스의 손이야. 하하."

나는 워낙 물건도 잘 잃어버리고 망가뜨리기도 잘한다.

그렇다고 모든 상황에서 화를 내거나 자책하진 않는다. 그냥 어이가 없어서 웃거나 '역시 나야!'라고 생각할 때도 많다. 나와 상대방의 실수에 대해서도 조금 여유 공간을 둘 필요가 있다. 앞으로 인생 길에 크고 작은 좋지 않은 일이 수도 없이 많을 텐데, 그럴 때마다 나를 괴롭게 만들어 웃음을 잃어버릴 필요는 없다. 지금 옆에 있는 사람과 웃으며 시간을 보내는 일이 더 중요하다.

나에게 있어 웃음은 가장 귀중한 가치 중 하나다. 영화 〈죽은 시인의 사회〉에는 이런 말이 나온다.

"의학, 법률, 경제, 기술 따위는 삶을 유지하는 데 필요해. 하지만 시와 미, 사랑, 낭만은 삶의 목적인거야."

웃음과 기쁨, 편안한 마음은 삶의 목적에 해당한다. 시와 미, 사랑, 낭만 그리고 웃음은 수단이 아니라 그 자체를 위한 것이다. 자주 웃었다면 그것이 내 기준에서 좋은 삶이다. 어떤 상황이 온다 해도 웃음기 없는 삶을 살 이유는 없다.

"창민아, 우리가 꼭 인지했으면 하는 게 있어. 우리가 앞으로 살면서 좋은 일만 있을 수는 없다고 봐. 예상하지 못한 안 좋은 일이 일어날 수도 있고, 정말로 극복하기 힘든 일이 생길 수도 있어. 나는 그럴 수 있다는 가능성을 미리 알고 있는 것과 아닌 것은 분명 다르다고 생각해. 앞으로 어떤 어려움이 닥쳐도 너무 놀라거나 좌절하지 말고 그때마다 최선을 다해 해결하면서 잘 살아보자."

남편은 종종 사서 걱정을 하는 성격이다. 자신이 병에 걸리면 어떻게 하냐고, 우리 사업이 흔들리면 어떻게 하냐고 묻기도 한다. 그럴 때면 나는 그런 일들은 충분히 일어날 수도 있고 그리 놀랄 만한 일도 아니라고 말한다. 누구의 삶이든 어떻게 좋은 일만 있겠는가? 살아 있기 때문에 충분히 있을 법한 일이다. 그런 어려운 상황이라고 해서 긍정적인 감정과 벽을 쌓지는 않았으면 한다.

가끔은 화가 나면 화라는 감정도 느끼고 울적한 날에는 우울감도 느끼면 된다. 그게 사람답다. 어떤 면에서 사람의 감정은 거짓이 없다고 생각한다. 누가 뭐라해도 내가 그렇게 느끼면 그 감정이 맞는 것이다. 다른 사람이 힘든 일이 아니라고 해도 내가 힘들면 힘든 것이 맞다. 우리의 소중한 감정을 외면하자는 것은 아니다. "그런 감정 느꼈구나?"라고 나 자신에게 공감해주는 것도 참 중요하다. 다만 그 감정이 습관이 되지 않기를 바라고, 나와 당신을 너무 오랫동안 괴롭히지 않기를 바라는 마음이다.

웃음의 기준을 낮춰서 작은 일에도 웃어 보자. 사소한 일에도 기쁨을 느끼는 게 필요하기 때문이다. 어제 껄껄 웃고 있는 나를 보고 남편이 "넌 참 좋겠다. 웃을 일 많아서"라고 말한다. 웃음의 기준을 낮추고, 짜증의 기준을 높이는 것은 남을 위해서가 아니라 나 자신을 위한 것이다.

“지금 이 순간에 행복하세요.
그것이면 충분합니다.
지금 이순간이 우리가 필요한 전부이며
유일한 것입니다.”

마더 테레사

에필로그

천천히, 내가 할 수 있는 만큼만

"그렇게 되면 물론 좋지. 하지만 현실적으로 가능하지 않으니까."

"네가 아직 현실을 몰라서 그렇게 생각하는 거야."

꿈꾸는 사람은 이런 말을 듣게 된다. 나를 무리하게 혹사하지 않으며 살고 싶다는 아주 작은 꿈을 꿨을 때조차도 이런 말을 듣곤 했다. 하지만 꿈은 내 마음이 바라는 바이다. 현실적이지 않다고 해서 내 마음을 무시할 필요는 없다. 꿈이라는 것은 가능성의 여부가 확실하지 않다. 우리에게는 현재 일어나지 않은 일을 마음껏 상상하고 그려볼 수 있는 능력, 즉 상상력이 있다.

나는 가끔 미래일기를 쓴다. 미래일기는 내가 꿈꾸는 미래를 마음껏 상상하면서 재미나게 쓰는 것이다. 이때 아무런 제약 없이 상상하는 것이 중요하다. 실제로 이뤄질지는 모르지만 상상하는 데 돈이 드는 것도 아니다. 상상하다 보면 내 마음이 원하는 것이 무엇인지 알 수 있게 된다.

예전과는 다른 변화가 생겼는데, 20대 초반에는 미래를 꿈꿀 때가 지금보다 훨씬 많았다. 자꾸 현재가 아닌 '미래에 꼭 이걸 하고 싶다'라고 생각했다. 미래가 아니라 지금 하면 되는 건데 말이다. 지금은 그때 꿈꾸던 미래가 현실이 되어, 꿈꾸는 대로 살고 있을 때가 많다. 이제는 현재에 집중하고, 미래를 예전처럼 자주 상상하지는 않는다. 그리고 이제는 상상하더라도 미래만 상상하기보다는 전반적으로 '내가 살고 싶은 삶'은 어떤 모습인지를 그리게 됐다.

그럼에도 가끔 우리에게는 설렘이 필요하다. 소풍 가는 전날처럼, 미래에 대한 기대감과 설레는 마음은 오늘을 더 기분 좋게 만들어준다. 그래서 어떤 날엔 정말 말도 안 될 정도로 재미난 미래를 꿈꾼다. 영화처럼 비현실적인 삶을 살고 싶다고 생각할 때도 있다. 이렇게 하는 것은 자연스레 내 머릿속에 남아 있는 현실에 대한 제약과 고정관념을 깨려는 의도도 있다. 여전히 현실적이지 않다 해도 꿈꿔 보는 건 자유니까. 또 다시 미래일기를 쓰고 내가 살고 싶은 삶을 그리며 행복한 상상을 한다. (아래에 쓴 미래일기는 내가 살고 싶은 삶을 그린 것이고, 이 중 이미 현실에서 이뤄진 부분들도 많이 있다.)

2020년에 다시 쓰는 미래일기

가까운 사람들이 점점 더 많이 생기고, 관계가 더 깊어진다. 우리 집에서 자주 소박한 파티가 열린다. 음식을 함께 먹고 대화를 나눈다. 보드게임도 같이 하고, 탁구, 등산과 락클라이밍 등의 운동도 함께 즐긴다. 여행도 함께 떠난다. 함께한 추억이 가득한 사람들, 함께 있을 때 편안한 사람들이 점점 더 늘어난다.

봉사활동에 자주 참여한다. 정기적인 활동을 통해 내가 도움을 줄 수 있는 사람들과 깊은 관계를 맺는다. 가수 션과 함께하는 연탄 봉사나 마라톤 봉사에도 참여한다. 소외되고 어려운 이웃의 상황에 대해 좀 더 깊숙히 잘 알게 된다. 우리 부부가 문제 해결을 위해 할 수 있는 일을 토대로 창의적인 프로젝트를 기획하고 실행한다. 우리 회사 직원들과 함께할 수 있는 일이 있으면 적극 동참한다. 나뿐 아니라 내 주변 사람들, 더 나아가서는 우리 사회가 좀 더 건강하고 행복해질 수 있도록 할 수 있는 만큼 기여한다.

아이가 태어난다. 우리는 마음껏 사랑하고, 사랑받는다. 우리 부부와 아이가 함께 즐거운 시간을 보낸다. 아이가 태어난 후 매 순간 집중할 때가 더 많아졌다. 아이와 많은 시간을 보내고 대화를 나누면서 돈독한 관계를 만든다. 우여곡절을 겪으며 부부는 성숙해진다. 아이가 가능하면 자연을 많이 누릴 수 있었으면 좋겠다. 여행도 종종 가고 싶고 호기심을 마음껏 충족시켜주고 싶다. 가족 모두가 서로 좋은 친구가 되는, 화목한 가정을 이루고 싶다.

아이가 자라나면서 무엇보다 행복하게 사는 법을 배웠으면 좋겠다. 다른 사람들보다 무언가를 잘하기 위해 치열하게 사는 것보다 다른 사람들과 즐겁게 노는 경험을 하게 해주고 싶다. 내가 과거에 받았던 교육처럼 하루 종일 앉아서 책만 보게 하지 않는다. 다른 사람들이 한다고 똑같이 따라하지 않는다. 다양한 경험을 통해 세상을 탐구하고 자신이 어떤 사람인지 찾아가도록 돕는다. 자신의 특성과 개성에 맞게, 자신이 하고 싶은 일을 하도록 응원해준다.

적절한 시간을 정해두고 즐겁고 활기차게 일한다. 나의 성향에 잘 맞는 일을 탐색하고, 새로운 일을 시도하면서 중간에 바꾸기도 한다. 일을 통해 돈도 벌지만, 사람들에게 도움을 주는 일을 하면서 뿌듯함도 느끼고, 일하는 시간 자체도 즐긴다. 회사 직원들과 협업하면서 소속감도 가진다. 또다시 해외생활을 함께하며 고정관념을 깨는 재미난 도전들도 종종 하고 싶다.

알지 못하는 것에 대한 호기심을 잃지 않는다. 가보지 못한 새로운 나라들을 방문해보고, 그 나라의 역사와 문화를 배운다. 독일어를 조금씩 배우면서 기회가 될 때 독일 여행을 한다. 한 번 가봤던 곳의 다른 지역도 다시 가본다. 캐나다에 있는 친구들을 만나기 위해 2~3년에 한 번씩 방문한다. 내가 아직 찾지 못한 취미를 찾기도 한다. 교향악단에 들어가 플루트를 연주한다. 탁구를 꾸준히 연습해서 탁구대회도 출전해본다.

"삶을 어떻게 살아야 하는가"라는 질문이 내 인생을 걸쳐 가장 관심있는 주제다. 내게 가장 중요한 일은 이 질문에 대한 답을 찾아가면서 내 삶을 그 생각대로 살아가는 것이다. 이 주제에 대해 깨달은 것을 블로그와 유튜브를 통해 나눈다. 내 이야기를 기록하고 공유한다. 이를 통해 생각을 정리하고, 우리 모두가 나답게, 그리고 조화롭게 살 수 있도록 기여한다. 이 모든 것을 무리하지 않고, 천천히, 내가 할 수 있는 만큼만 한다.

유튜버 이상커플의 '작은 사장' 도전기
내가 꿈꾸는 회사가 지구에 없다면

제1판 1쇄 발행 | 2020년 10월 28일
제1판 2쇄 발행 | 2020년 11월 11일

지은이 | 박기연
펴낸이 | 손희식
펴낸곳 | 한국경제신문 한경BP
책임편집 | 윤혜림
저작권 | 백상아
홍보 | 서은실 · 이여진 · 박도현
마케팅 | 배한일 · 김규형
디자인 | 지소영
본문디자인 | 디자인 현

주소 | 서울특별시 중구 청파로 463
기획출판팀 | 02-3604-590, 584
영업마케팅팀 | 02-3604-595, 583 FAX | 02-3604-599
H | http://bp.hankyung.com E | bp@hankyung.com
F | www.facebook.com/hankyungbp
등록 | 제 2-315(1967. 5. 15)

ISBN 978-89-475-4641-6 03320

책값은 뒤표지에 있습니다.
잘못 만들어진 책은 구입처에서 바꿔드립니다.